Johann Karl Schuller

Beiträge zu einem Wörterbuche der siebenbürgisch-sächsischen Mundart

Johann Karl Schuller

Beiträge zu einem Wörterbuche der siebenbürgisch-sächsischen Mundart

ISBN/EAN: 9783744610407

Hergestellt in Europa, USA, Kanada, Australien, Japan

Cover: Foto ©ninafisch / pixelio.de

Weitere Bücher finden Sie auf **www.hansebooks.com**

BEITRÄGE

zu einem

WÖRTERBUCHE

der

siebenbürgisch-sächsischen Mundart.

Von

JOHANN CARL SCHULLER,

weil. k. k. Statthaltereirath, Ritter des Franz Josefs-Ordens, corresp. Mitglied der kaiserlichen Akademie der Wissenschaften usw.

PRAG 1865.

Verlag von F. A. Credner,

k. k. Hof-Buch- und Kunsthandlung.

Druck von C. Schreyer & Ignaz Fuchs in Prag.

Dem

Hochgebornen Freiherrn

Eugen Protleff von Tristenfels,

Mitglied des Abgeordnetenhauses des österreichischen Reichsrathes, Landtagsabgeordneter für Leschkirch in Siebenbürgen, k. k. Hofrath und Referent der k. siebenbürgischen Hofkanzlei, Ritter des kaiserlich österreichischen Leopoldordens, Mitglied des Vereins für siebenbürgische Landeskunde, Mitglied des Vereins für Naturwissenschaften in Herrmannstadt, des Alterthumsvereines in Wien u. A. m.

in

wahrster Hochachtung und Freundschaft

gewidmet.

Wenn von der siebenbürgisch-sächsischen Mundart die Rede ist, so wird dabei ausschliesslich an diejenige Form der deutschen Sprache gedacht, welche in dem Munde der Sachsen d. i. der Nachkommen von den im zwölften und dreizehnten Jahrhundert nach Siebenbürgen berufenen Kolonisten, welche seit der ältesten Zeit mit dem allgemeinen Namen deutscher Kolonisten in dem ungarischen Staatsrechte „Sachsen" benannt wurden, sich erhalten hat. Die Sprache derjenigen Deutschen, welche sich in neuerer Zeit unter den Sachsen angesiedelt haben, wird zum Unterschiede davon die deutsche oder muoserische,*) jene der oberösterreichischen Protestanten aber, welche in der ersten Hälfte des achtzehnten Jahrhunderts in das Sachsenland gekommen sind, die landlerische genannt.

Wie die beiden letztern ihre Eigenthümlichkeiten haben, so ist auch das Sächsische ein Dialekt der deutschen Sprache und spaltet sich in verschiedene Mundarten mit ihren Spielarten. Ob diese alle einem und demselben deutsch-nationalen Idiome angehören, oder das Oberdeutsche, Mitteldeutsche und Niederdeutsche in dem Sachsenvolk gruppenweise vertreten sind, das ist eine sehr interessante, aber nicht hieher gehörige Frage.

Als Dialekt hat das Sächsische neben einer Reihe von Wörtern, welche in derselben Form und Bedeutung auch in der hochdeutschen Schriftsprache vorkommen, sehr viele Wörter, welche darin entweder ganz fehlen, oder aber eine mehr oder weniger davon abweichende Form oder Bedeutung haben. Aus ihnen besteht vorzugsweise das eigenthümliche Wesen des sächsischen Idioms und sie werden daher Idiotismen in dem engern Sinne des Wortes genannt.

Zu diesen Idiotismen gehören zunächst diejenigen Wörter, welche einer fremden nichtdeutschen Sprache entnommen sind,

---

*) s. das W. muoser in dem nachfolgenden Wörterbuche.

und uns entweder rein und unverändert oder in einer deutlich nachweisbaren Umgestaltung in dem Munde der Sachsen begegnen. Die Sachsen sind seit ihrer Einwanderung in Siebenbürgen im ununterbrochenen Verkehr mit den Magyaren und Romänen — magyarische und romänische Wörter sind dadurch in die sächsische Sprache gekommen. Ihre Anzahl steht mit der Lebhaftigkeit dieses Verkehres, und mit der Bildungsstufe der Verkehrenden im geraden Verhältniss. Während daher die gebildete sächsische Welt der Einmengung magyarischer und romänischer Wörter sorgfältig aus dem Wege geht, ist diese an Ortschaften, wo sächsische und nichtsächsische Bauern vermischt unter einander leben, oft sehr stark, am stärksten natürlich da, wo die deutsche Bevölkerung in der grossen Minderzahl ist.

Wie aus dem unmittelbaren Verkehr der niederen Volksschichte romänische und magyarische Wörter in die sächsische Sprache gekommen sind, so hat der Verkehr der höhern und gebildeten Stände auch viele lateinische und französische Wörter aufgenommen. Die Sprachmengerei der vornehmen und gelehrten Welt, welche bekanntlich in früherer Zeit die altererbte deutsche Muttersprache durch eine Masse eingemischter französischer und lateinischer Wörter zu einer bunten Harlekinsjacke machte, hat ihren Weg, wie jede andere Sitte und Unsitte, aus dem grossen deutschen Mutterlande auch zu dessen fernen Söhnen am Zibin, an der Burze und an der Bistritz gefunden. Dass viele davon auch an schlichte Bürger und Bauern gekommen sind, und in Kreisen, wo ihre Abkunft unbekannt ist, in der Aussprache entstellt, oder in einer verfehlten Bedeutung gebraucht werden, darf uns nicht befremden. Die Wörter **hadrâşi, ambra, bredulle** treffen wir auch in Kreisen, wo ihre Identität mit den französischen Wörtern **haute rage**, heftige Wuth, **embarras**, Verlegenheit, **bredouille** Matsch unbekannt ist. **Mechante-mode** statt **Marchande-mode** hören wir häufig, und wenn die Frau vom Lande dem Arzte klagt, dass es ihr modern im Magen sei, oder die Putzmacherin ersucht, sie solle ihr nicht eine **Coifure** sondern eine **Coahinten** machen, so weiss sie nicht, dass modern eine ganz andere Bedeutung hat, und steht in dem Wahne, das **für** in **Coiffure** sei deutsch, daher denn auch **Coahinten** einen Kopfputz geringerer Sorte bedeuten werde.

Weit reichhaltiger ist natürlich die Anzahl derjenigen Idiotismen, welche zum deutschen Sprachstamme gehören, in der hochdeutschen Schriftsprache aber in der mundartlichen Form, oder in ihren mundartlichen Bedeutungen, oder in beiden fehlen. So sind, um wenige Beispiele anzuführen, **brommen, sommen** mundartliche Formen von brummen, summen, **schildern** hat die mundartliche Nebenbedeutung von schimpfen, ausschelten, während das sächsische Wort **āndāchtig** in der Form von dem hd. eindächtig abweicht, und in der Bedeutung eingedenk in der Schriftsprache veraltet ist.

Das Deutschthum mundartlicher Wörter und Wortformen ist daraus erkennbar, dass:

1. sehr viele davon sich nach gewissen mehr oder weniger allgemein giltigen Lautumbildungsgesetzen auf gleichbedeutende hochdeutsche Wörter zurückführen lassen, wie z. B. **höckt, Hockt, Brockt** u. s. w. heute, Haut, Braut u. s. w.;
2. andere in ihrer sächsischen Bedeutung in der ältern deutschen Schriftsprache, oder in dem Mittelhochdeutschen vorkommen. So heisst niederträchtig sächs. **nöderträchtig** auch in der ältern Schriftsprache, herablassend, und die sächsischen Wörter **néklich**, eilig, übereilt, **zöcklich**, schnell nacheinander entsprechen nach den Umlautungsgesetzen genau den mhd. **nitlich** mit Eifer verbunden, **zuclich** u. s. w.;
3. bei andern die deutsche Wurzel sich unverkennbar nachweisen lässt. So wird sich **leister**, die Singdrossel auf das mhd. **list** Lust, Gesang list, künstlicher Gesang, **lister** der Künstler, **lāwend** Suppe, Brühe auf das mhd. **lawlau** zurückführen lassen.

Durch diese übersichtliche Gliederung der sächsischen Idiotismen ist der Forschung darüber ihre Aufgabe gestellt. Sie wird sich entweder darauf beschränken, jedes mundartliche Wort durch ein dem Sinne nach vollständig oder annäherungsweise entsprechendes hochdeutsches Wort zu übersetzen, oder aber die Wurzel und den Ursprung desselben nachzuweisen.

Durch die Lösung der ersten Aufgabe soll dem Bedürfnisse des Lebens, durch die zweite der Forderung der Wissenschaft genügt werden. Jene soll verhüten, dass uns bei dem mündlichen oder schriftlichen Gebrauche der hochdeutschen Sprache nicht der Sachse, wie man in dem gemeinen Leben zu sagen pflegt, in den Nacken schlage, diese die Stellung, welche das siebenbürgisch-sächsische Idiom auf dem Gebiete der deutschen Sprache einnimmt, nachweisen. Jene arbeitet für die Gegenwart; diese steht mit der Geschichte des siebenbürgischen Deutschthums und der ursprünglichen Heimath der Sachsen in einem unzertrennlichen und lehrreichen Zusammenhange.

Ob bei der Lösung der einen oder der andern Aufgabe eine absolute Vollständigkeit nothwendig sei, „das ist eine vielfach besprochene Frage", über welche hier einige Bemerkungen stehen mögen.

Nach unserer Ansicht wird ein Verhochdeutschungswörterbuch des sächsischen Dialektes immer nur das Bedürfniss derjenigen Sachsen im Auge haben, welche durch ihre Stellung im Leben zum häufigen Gebrauche der hochdeutschen Sprache angewiesen sind, ohne jemals erschöpfende Studien darüber gemacht zu haben. Sie gehören nicht zu der ungebildeten Klasse des Volkes, und wir irren daher nicht, wenn wir von der Voraussetzung ausgehen, dass ihnen die entsprechende Uebersetzung von Wörtern wie **grâw**, Grab, **hous**, Haus u. s. w. aus Schule und Umgang bekannt sei.

Aus ähnlichen Gründen wird sich nach unserer Ansicht auch die wissenschaftliche Forschung über sächsische Idiotismen gewisse Grenzen setzen, welche sich gut rechtfertigen lassen.

Was nämlich zunächst den Umfang eines siebenbürgischsächsischen Idiotikons anlangt, so wird es kaum möglich sein, jede lautliche Schattirung, in welcher ein und dasselbe sächsische Wort in verschiedenen Theilen des Sachsenlandes erscheint, aufzunehmen. Wozu soll es auch dienen, jede Spielart der Mundart zu verzeichnen und so zu der Annahme Anlass zu geben, dass diese uns überall auf sprachlichem Gebiete begegnende Individualisirung ein ausschliessendes Merkmal des sächsischen Dialektes sei. Indem daher der sächsische Lexikograph in dieser Beziehung auf erschöpfende Vollständigkeit Verzicht leistet, wird er seiner Arbeit eine einzige Mundart des Sachsenlandes zu Grunde legen und Wörter einer andern Mundart mit genauer Bezeichnung ihres Standortes bloss dann aufnehmen, wenn sie in der von ihm als Basis gewählten Mundart fehlen.

Weitere Auslassungen von Idiotismen finden ihre Rechtfertigung in den Lautumbildungsgesetzen derjenigen Mundart, in deren Kreise sich der Verfasser eines sächsischen Wörterbuches bewegt. Die Aufnahme mundartlicher Wörter wie **gruowen,** graben, **luowen** loben, **mous** Maus, **hous** Haus erscheint in demselben Grade entbehrlich, in welchem die darin vorkommenden Umlautungen als Regel angesehen werden können. Die Entwickelung dieser Regeln und die Aufzählung der Ausnahmen davon bleibt füglicher der allgemeinen Charakteristik des sächsischen Dialektes überlassen, für welche in der neuesten Zeit durch schätzbare Arbeiten von Haltrich, Marienburg und Mätz in Frommanns Zeitschrift für deutsche Mundarten, und in dem Archive des Vereins für siebenbürgische Landeskunde viel geschehen ist.

Wie der Umfang, so hat nach unserem Ermessen auch die Tiefe der Forschung über den Ursprung mundartlicher Wörter ihre natürlichen Grenzen. Bei fremden Wörtern genügt augenscheinlich die Nachweisung der Sprache, aus welcher sie entlehnt worden sind, bei deutschen die Zurückführung auf ihre deutsche Wurzel, jede weitere Verfolgung ihres Ursprungs verwechselt die Aufgabe der Sprachforschung mit jener der Dialektforschung.

Was endlich die Vergleichung anderer deutschen Mundarten betrifft, so wird sich diese mit vollem Rechte auf den Kreis derjenigen beschränken, deren innere Verwandtschaft mit dem sächsischen Dialekte vorliegt, und dabei, wie sich von selbst versteht, dem Dialekte derjenigen Gegenden Deutschlands, aus welchen ein grosser Theil der Sachsen eingewandert ist, ihre besondere Aufmerksamkeit schenken.

Von diesen Grundsätzen ist der Verfasser bei der Ausarbeitung des vorliegenden Werkes geleitet worden. Wie die ähnlichen Arbeiten von Weinhold und Schröer über die schlesische und über die Mundart des ungarischen Berglandes u. a. m. bringt es Beiträge zur Kenntniss des siebenbürgisch-sächsischen Dialektes in einer Reihe nach den oben entwickelten Grundsätzen ausgewählter und erklärter Wörter. Die Mehrzahl davon ist der Mundart von Hermannstadt entnommen; bei Idiotismen des Burzenlandes und des Bistritzer Gaues ist ihre Heimath überall bezeichnet worden.

Eine ausführliche Geschichte und Literatur der siebenbürgisch-sächsischen Dialektforschungen gehört nicht hieher. Wir haben Grund sie von dem gelehrten Gymnasiallehrer Jos. Haltrich in Schässburg zu erwarten, und wünschen, dass er die deutsche Literatur seines Vaterlandes bald durch ein vollständiges sächsisches Idiotikon, dessen Ausarbeitung ihn angelegentlich beschäftigt, bereichern möge. Den Plan, das handschriftliche Idiotikon seines s. Vaters J. G. Schuller († 1830) nach dem jetzigen Stande der Wissenschaft umzuarbeiten und vermehrt aus der eigenen und den Idiotismensammlungen von Leonhard, Trausch, Thalmann, Kraus, Steinburg u. a. m. herauszugeben, hat der Verfasser dieser Beiträge längst aufgegeben. Hat schon früher die Zeit dazu gefehlt, so reicht nun die alternde Kraft für eine so mühsame Arbeit nicht hin.

Den verwirrenden Schwankungen in der Schreibung sächsischer Wörter hat Haltrich in der neuesten Zeit durch die Aufstellung allgemeiner orthographischer Regeln dafür zu begegnen gesucht. Wie die gegenwärtig für mundartliche Darstellung stark üblichen lateinischen Schriftzeichen, so sind auch jene Regeln von dem Verfasser dieser Beiträge dankbar benützt worden. Ihnen gemäss sind daher

I. die Vokale:
1. a, i, o, u, ä, ö, ü kurz,
2. â, ê, î, ô, û lang,
3. å, ŏ, ŭ, wie langes ä, ö, ü,
4. û wie ein durch langes a getrübtes o oder wie ein schnell nach einander gesprochenes oå,
5. é scharfbetont wie in brechen, e dagegen tonlos zu lesen.

II. Die Diphthongen:
1. eĭ wie ei in weit, ei dagegen getrennt, d. i. wie kurz e mit einem schnell anlautenden i,
2. ie in gien, nien u. s. w. geben, nehmen u. s. w. wie e mit einem schnell vorlautenden i zu lesen; das deutsche ie in hie, nie u. s. w. durch î zu bezeichnen.

III. Die Konsonaten:
1. g wie das hochd. g in Gott u. s. w. ġ als gelinde Gaumenaspirate wie g in Bogen u. s. w.,
2. ćh als scharfe Gaumenaspirate wie ch in Spruch u. s. w., dagegen ch als scharfe Gaumenaspirate wie ch in Sprüche u. s. w.,

3. j als gelinde ch dagegen als scharfe Zungenaspirate.
4. ş als ein gelindes dem französischen j in jeune, jamais u. s. w. entsprechendes sch zu lesen.

Alle übrigen Konsonatenverbindungen haben ihre bekannte Aussprache.

Wir fügen diesen Regeln noch folgende Bemerkungen bei:
1. à, ä', ü', ŏ, ú am Anfange zusammengesetzter Wörter bezeichnen vor Konsonanten die Abschleifung der sächsischen Partikelformen an, àn d. un — än, àn d. ein, un d. an.
2. ü ist überall, wo es in der Mundart mit ai oder a wechselt, wie z. B. ângel, aingel Engel, ärw, arw Erbe u. s. w. auch da beibehalten worden, wo im Deutschen e dafür steht.
3. û ist ohne Rücksicht auf die Aussprache, in welcher es in der Mundart so wie im Hochdeutschen oft wie i klingt, überall beibehalten worden, wo es aus o oder ö entstanden ist, und in den Spielarten der Mundarten oft mit û oder ui wechselt, z. B. hören sächs. hûren, hûren, huiren u. s. w.; ebenso wird auch ŏ in Wörtern geschrieben, deren Stammwort ein o hat, wenn es auch in der Aussprache wie e oder ee klingt, z. B. gesŏm der Abfall bei dem Reinigen des Getreides, das Unkrautgesäme.
4. g nach n klingt weich, wie in lange, Anger u. s. w. Am Ende einer Sylbe oder eines Wortes, wie in burg u. s. w. haben wir es beibehalten. Auch im Hochdeutschen wird es in der Regel nicht wie ein weiches k, sondern wie ein weiches ch gesprochen.

A.

àbätzig *adj.* klein, kraftlos, mit dem Nebenbegriffe der Verachtung und der Untüchtigkeit zu einer Verrichtung, von dem mhd. bate, bazze *m.* Nutzen, Vortheil; baten, batzen, nützen. Als nächster Verwandter unsers Wortes stehe hier noch das holl. bezigen, brauchen, bezig, arbeitsam. Die Abschleifung von an- un- vor Mitlautern befremdet nicht.

adder *n.* s. åder.
åder *n.* das Zaungeflecht, mhd. und bair. Etter *n.* der Zaun. Einen Zaun erietern heisst im Fürstenthume Lippe einen Zaun flechten.

ädleng *m.* der Edelmann fries. etheling, mhd. edeling, Sohn eines Edelmannes.

afdēlmen *v. a.* verschwenden, gehört in die Reihe des bair. demmen, prassen, schwelgen, bei Hans Sachs temmen und schlemmen, ns. sich tamen, sich gütlich thun u. s. w.

afdēderesch *adj.* den Aufwand liebend, verschwenderisch mhd. opmachersch (von machen) ns. averdanig, von doon, (sächs. dån) in der veralteten Bedeutung: geben, daher bair. sich aufthun, sich gross machen.

afentinen *v. n.* 1. aufthauen, schmelzen, aachn. thünen 2. *fig.* gesprächig werden, auch hochd. aufthauen; von dem mhd. toum, Dunst, toumen, dümen, dunsten, qualmen.

afentûnen s. afentînen.

affôren s. fôren.

å'gelåmpig *adj.* plump, schwerfällig und linkisch in Betragen und Bewegung, ns. unlimpig von dem mhd. Glîmpf was sich geziemt, limpfem, glimpfen, sich geziemen, dessen Wurzel in dem mhd. Lumpf, junges Holz, limpfes, jung, zart zu suchen ist. In der letztern Bedeutung treffen wir das Wort höchst wahrscheinlich in dem sächsischen Waldnamen lämpesch.

å'gelast *n.* der Murrkopf, Sauertopf, mit dem davon gebildeten Eigenschaftsworte å'gelastig, mürrisch, von dem mhd. das Gelüste, und dem oberd. Gelust, Lust, daher dem hd. Unlust entsprechend. An Fällen ähnlicher konkreter Anwendung abstrakter Eigenschaftsbegriffe ist die sächsische Mundart reich. So heisst ein Greiner Gegrenj, Gezŏl. Es ist eine Art verstärkender Personifikation des Begriffes darin.

ájresch *m.* 1. die Stachelbeere, mhd. **agraz** *m.* der Stachelbeersaft; 2. die unreife Weinbeere, der agrest; mit dem schwäb. acgras Essig, dem österr. agras, Stachelbeere, und dem mhd. agresta von agrestis, wild, rauh.

alber s. albert.

albert *m.* der Dummkopf, alberne Mensch. Wenn von einem Menschen, der einen dummen Streich gemacht hat, im Volke gesagt wird, dass ihn der alber oder albert getroffen oder geschlagen habe, so klingt darin wohl der altdeutsche Zwergkönig Alberich, und der Volksglaube nach, dass Berührung oder Anhauch der Elbe Tod oder Krankheit verursache, und ihr Schlag untüchtig mache. J. Grimm d. Myth. 429., daher denn auch ein Blödsinniger, dem die Elbe etwas angethan haben, in deutschen Mundarten Olpentrutsch, Albendrutsch, Elpentrutsch, Hilpentrutsch heisst. Grimm a. a. O. 412.

âlf s. âlfskängd.

âlfskäugd *n.* der Wechselbalg; Ueberrest des alten Volksglaubens, dass die Elbe oder Elfen wohlgestaltete Kinder aus der Wiege nehmen, und ihre eignen hässlichen, oder gar sich selbst hineinlegen. So lebt auch in âlfsgesicht *n.* hässliches Gesicht die gleiche Beziehung auf die Hässlichkeit, und in âlf *m.* Dummkopf jene auf die Dummheit der Elfen fort.

all *adv.* als verstärkende Beifügung vor Participien der thätigen Form, z. B. all sâtzân, sitzend u. s. w. entspricht in Form und Gebrauch ganz dem mhd. al, ganz und gar in Ausdrücken wie al bellende, al swigende, u. s. w. Dieselbe verstärkende Kraft hat das Wörtchen auch in allkomm, kaum mit Mühe, mhd. kume.

allkomm s. all.

allômelonk *adv.* allaugenblick, immerfort, in sehr kurzen Unterbrechungen; in einigen Gegenden auch ûver ômelonk. Am ganzen Niederrhein bedeutet amelang, ein amelang soviel Zeit, als man braucht, um amen zu sagen.

almesch *m.* der zur Bestätigung eines Kauf- oder Tauschvertrages, daher auch eines Verlöbnisses, d. i. des Aktes, wodurch der Kauf der Frau (s. kûfen) besiegelt wird, gegebene Trunk, hd. der Weinkauf; in den Redensarten: almesch gien, almesch hôlden, almesch dränken u. s. w. und in dem davon gebildeten Zeitworte veralmeschen d. i. durch den Weinkauf bestätigen. Die ehemals versuchte Vergleichung mit dem bei Verträgen üblichen altdeutschen Rechtssymbole des Halmes, der sogenannten Uffgabe des Halmes (Grimm deutsche Rechtsalterthümer, Göttingen 1828. 8. S. 121 ff.) gebe ich gerne auf, ohne mich mit der neuerlich auch von Schröer (Beitrag zu einem Wörterbuche der deutschen Mundarten des ungrischen Berglandes, Wien 1858, S. 31) versuchten Anknüpfung des Wortes an das ungr. und roman. aldomas trotz der gleichen Bedeutung befreunden zu können. Das Weintrinken zur Befestigung feierlicher Verträge, mhd. Litkouf, Winkuof, später Leitkauf, Weinkauf (s. unten Lôtchef) ist eine uralte, nicht erst von den Ungarn entlehnte Sitte der Deutschen, und reicht gerade am Niederrheine, der Heimath der Sachsen über die Periode ihrer Einberufung nach Siebenbürgen. So wurden in Cöln bis zur zweiten Hälfte des eilften Jahrhundertes, wo die gerichtlichen Uebertragungen von Grundeigenthum anfingen, alle Veränderungen im Grundeigenthum vermittelst des sogenannten Weinkaufes, d. i. vor Zeugen, die man mit Wein und Nüssen bewirthete, und welche dann, wenn Streitigkeiten entstanden, durch ihre Aussagen entschieden, vollzogen. K. D. Hüllmann Städtewesen des Mittelalters. Bonn 1826. II. 8. B. 2. S. 439. Weit näher, als alle bisher versuchten Erklärungen des Wortes, liegt offenbar die Annahme, dass mit dem unter den Sachsen üblichen Weinkauf ehemals auch, wie vielfältig anderwärts, die Abgabe eines Gottespfenniges oder Almosen (luxemb. Almes, ebenso auch sächs. für sich allein, und in Zusammensetzungen, wie Almesmill, dem Almosenfond gehörige Mühle, Almesherr, Almosenier) verbunden, und von dieser Sitte darauf der ganze Rechtsakt den Namen erhalten habe. Neben der auffälligen Verwandtschaft von Almes und Almesch spricht für diese Ansicht auch, dass diese Abgabe am Niederrheine üblich gewesen. So heisst aachn. das Hand- oder Angeld bei Mieth- und andern Verträgen Gotteshaller (Heller), und den Namen Gottesgroschen führt, auch in andern Gegenden von Deutschland das Geld, welches beim Viehkauf vom Käufer gegeben, und von dem Empfänger in den Almosenstock gelegt, oder dem ersten Bettler geschenkt wird. J. W. Wolf Zeitschrift für deutsche Mythologie und Sittenkunde Göttingen. 1853 ff. B. 3. S. 52. Vielleicht grade diese Bedeutung hat auch das in dem alten deutschen Vocabularius „ex quo" der Prager Bibliothek von 1432 das durch „Leytkauff" übersetzte lateinische Wort Almosium. Vgl. G. K. Frommann die deutschen Mundarten Nürnberg. 1854. 8. B. 4. S. 291.

almig *adi.* wurmstichig, wurmfrässig, mulmig, ns. ulmig, olmig, von Ulm, Olm, Fäulniss, besonders im Holze.

ambra *f.* die Verlegenheit; in der Ambra sein, verlegen sein, sich nicht zu helfen wissen. Gehört, da es von dem französischen embarras, Verlegenheit, Verwirrung stammt, in die Zahl der von den höhern Ständen aus fremden Sprachen entlehnten, und allmälig auch in die Redeweise des Volkes übergegangenen Wörter; nur dass es in der Entstellung, welche es erfahren, viel leichter erkennbar ist, als das aus dem franz. haute rage gebildete hadrås, hadråse Grimm, Wuth. Das einfache Wort rås kommt in den Formen Rasch, Raasch auch in andern deutschen Mundarten vor.

ambräll *n.* der Regenschirm, stammt mit dem bair. Umbrell, Ombrell, österr. Ambrell Sonnenschirm, Regenschirm, franz. ombrelle von dem lat. umbra, franz. ombre Schatten.

amtfrå *f.* die Hebamme, Wehmutter, Kindermutter, henneberg. Ammfrau, mit dem in der sächsischen Mundart nach Liquiden gern anlautendem t von dem mhd. Amme, Mutter gebildet.

ändåchtig *adi.* eingedenk, im Andenken, in der Erinnerung;

auch in Luthers Bibelübersetzung, z. B. 1. Thessal. 2. 9. eindåchtig, mhd. Andacht, Erinnerung, andåchtig, recordans et conscius. bair. ingedächtig, indächtig, eingedenk.

angderhålden *adi.* kriegspflichtig, militärpflichtig, s. muoser.

angem *adi.* in der Bedeutung: übel, unwohl, so wie das in gleichem Sinne gebrauchte annätz (unnütz) selten; sehr häufig dagegen in der Bedeutung: böse, schlimm. In beiderlei Sinn wurzelt es in dem mhd. angen, drücken, kränken, enge sein, und scheint aus dessen Participialform durch die der Mundart eigene Abstossung des auslautenden d, und Umlautung des n in m entstanden zu sein.

appetitkéddelchen *n.* der Weiberunterrock, wörtlich das den lüsternen Appetit reizende Kittlein.

årentôttes s. tôttes.

argutz *m.* Spottname, knickerischer und eigennütziger, besonders armenischer Krämer. Die fremdartige Endung darf uns wohl nicht hindern, das Wort von dem mhd. arg, geizig, argen, geizig, eigennützig, habsüchtig sein, abzuleiten. Argo ist schon bei den Longobarden ein verpöntes Schimpfwort.

arkes *m.* der Bogen Papier; missverständliche Anwendung des lat. arcus Bogen.

å'sélijen *v. a.* einen in ein erhaltenes Amt, oder in ein erworbenes Grundeigenthum einführen. „So einer ein Haus in der ehrsamen Nachbarschaft kauft, oder durch einen Wechsel bekommen wirdt, demselben soll es von ehrliger Nachbarschaft eingeseliget werden. So ein Nachbar mit einem Ampt begabet wird, sol gleichesfals von der Nachbarschaft eingeseliget werden." Hermannstädter Nachbarschaftsartikel vom Jahre 1563 bei G. Seivert die Stadt Hermannstadt. Hermannstadt 1859. S. 52. Nicht etwa von selig, beatus, sondern von dem altd. Sala, Salinger, Uebergabe, Saljan, bair. sellen, übergeben.

åt in der Redeform måt ât, måt åten, mit Eifer, von dem mhd. Eit das Feuer, eiten, glühen.

atz *f.* der Zaunpfahl, die Zaunstütze, von dem mhd. As, Asen, Balke, Stütze, Unterlage.

åzen *v. n.* auf der Reise ausspannen, um sowohl selbst zu essen, als auch das Zugvieh zu füttern, hd. ausspannen, von dem mhd. etzen, zu essen geben, mit Speise, Trank und Nachtquartier bewirthen, schwäb. ässen. „Auch soll er ätzen von demselbigen Heu, diemit er ladt und entladt. J. Grimm deutsche Weisthümer B. 2. S. 156. 190. Daher heisst auch das Recht in der Feldmark eines andern Ortes auszuspannen und sein Zugvieh zu weiden sächsisch åzung hd. die Ausspann, das Atzungsrecht, ins Albergariat.

B.

bå *f.* die Biene, mhd. Bie, schweiz. Beyi.

båchen *m.* die Speckseite, mhd. Bache, nordschwedisch Bacon, schweiz. die Bachen, engl. bacon; von Bache Sau. Durch die Abschleifung der Endsylbe ist das mundartliche Wort båflsch *n*. Speck wörtlich: Fleisch von der Speckseite (in Nürnberger Chroniken und sonst pachen, Fleisch) entstanden. Wie am Niederrheine, so ist auch im Sachsenlande der Speck eine Lieblingsspeise der Sachsen. Vgl. J. Grimm deutsche Weisthümer 2. S. 117. und J. C. Schuller zur Frage über die Herkunft der Sachsen. Hermannstadt 1856. 8. S. 19, daher die Sachsen denn spottweise auch Specksachsen genannt werden.

båflsch s. båchen.

bålammichen s. mukesch.

bålen *pl.* (der Singular bål ist seltner), das Gedärme, Eingeweide. Wie das phonetisch nahe verwandte engl. belly, Unterleib, Bauch, gehört das Wort mit dem mhd. Balg, schwellende, aufgeblasene Haut, Bulge, Ledersack, Schlauch, hohler Leib, dem ns. Paal Hülse von Erbsen, Erbsenbalg u. s. w. zusammen. Ein aus gehackten und weich gesottenen Därmen bereitetes Gericht heisst daher Bålekächen, und der Vorabend des Hochzeitsfestes, an welchem dasselbe in manchen Dörfern aufgetragen wird, Bålenôwend.

bålekächen s. bålen.

bålenôwend s. bålen.

ballegrüss *f.* scheltweise Benennung der Urgrossmutter oder Urältermutter. Die von Schuster u. a. m. empfohlene Ableitung der ersten Worthälfte von dem mhd. in Zusammensetzungen wie Balmunt, schlechter Vormund, Balrat, schlechter Rath vorkommenden bal, übel, böse, wird durch die ähnlichen Benennungen Bäschgrüss, Wäldgrüss gestützt.

bangert *m.* ein mit Obstbäumen besetzter Platz, Baumgarten, aachn. Bungert, luxemb. Bangert, mundartliche Form von Baumgarten.

barren *m.* der Fehm, Fehmen, die Miethe, mit dem aachn. Bärm, altholl. Barm Haufe von dem mhd. baren aufhäufen.

bartlemîsen *v. a.* das Brot ungeschickt schneiden, und dadurch seine Form verhunzen. Dass der aus Bartholomäus gekürzte Name Bartl einfach, und in Zusammensetzungen, wie das bair. Gaasbartl, einen ungeschickten Menschen bedeutet, ist bekannt. So scheint auch der sächsische Ausdruck: giet dem Bartesch uch en Strämpel, gebt dem Bartel auch ein Bein, womit man scherzweise auffordert, einen nicht leer ausgehen zu lassen, den Nebengedanken einzuschliessen: der ist zu albern, um sich selbst etwas zu verschaffen. Noch wahrscheinlicher ist indessen in unserm Worte eine Anspielung darauf, dass der h. Bartholomäus nach der Legende lebendig geschunden wurde, enthalten, und der eigentliche Sinn derselben wird wohl sein: das Brot schinden, wie der h. Bartholomäus geschunden wurde. So heisst es auch in einem Schweizer Hochzeitsliede:

Es soll dem Haas — du arme Tropf,
Wie wirscht du dich geberdä —
Si Haut und 's Pelzl über'n Choph
Ringsum abzogä werdä.

Und so als g'schundnä Bartlimä
Soll er vor uns als Fricassée
Und Brootis (Braten) paradierä.
Frommann u. a. O. 2. 609.

bäschängel *m.* Schelte eines Kindes mit starkem und verstrauftem Haarwuchse. Erinnern wir uns daran, dass in dem mundartlichen Namen: Bäschgrüss, Bäschmotter d. i. Waldgrossmutter, Waldmutter, welche scheltweise zur Bezeichnung einer hartherzigen, unnatürlichen Grossmutter und Mutter gebraucht werden, unbezweifelte Spuren des altdeutschen Glaubens an Waldleute vorhanden sind, so unterliegt es wohl keinem Zweifel, dass unser Wort ebendahin gehört. In ähnlicher Weise wird das Wort Engel auch sonst gebraucht, wie z. B. Schmutzengel, sächs. muor- oder mōrängel (s. lousebächel) Lausengel.

bäschgrüss *f.* s. bäschängel.

bäschmotter *f.* s. bäschängel.

batscheln *v. n.* s. Kåbesch.

båtschu *m.* mit und ohne den Beisatz: Herr, wird auf dem Lande häufig als Ehrenname älterer Männer gebraucht. Das Vorkommen des Wortes in der romänischen Sprache, wo es den Oberschafhirten bedeutet, steht dem Zusammenhange mit dem altd. Bas, Herr, Hausvater um so weniger entgegen, als das Wort Baas auch in der Aachner Mundart als Ehrenname für den Aufseher über die Weber und dessen Frau (Frau Baas) gilt, und auch holst. Baas Meister bedeutet. Wir haben es daher mit einem Worte zu thun, welches mit einem fremden, in Klang und Bedeutung verwandten in eins verschmolzen ist.

bedäfft *adi.* niedergeschlagen, traurig, trübsinnig, trübselig, bair. beduſft, von duff taub, betäubt, südd. beduften, betrüben; und daher wohl nicht zu verwechseln mit dem gleichlautenden sächs. bedäfft, bereift, von dem mhd. Tuft, bair. Duft, Anduft, gefrorner Thau, welcher sich an den Bäumen u. s. w. ansetzt.

beflūren s. flūren.

bēren *v. n.* schreien, lärmen 2. — mit einem, ihn laut schelten, ausmachen, von dem mhd. baren, lärmen, laut schreien.

beglupst *adi.* glatt, schlüpfrig, besonders von thauendem Eis, schliesst sich mit dem sächs. entgläpsen *v. n.* entgleiten an das engl. glib, glatt, und das ns. glippen, gleiten.

behammeln *v. a.* nothdürftig bekleiden, mit Lappen, Klunkern bekleiden, belappen, behaddern (sächs. behöddern); gehört mit dem mhd. Ham, Haut, Hülle, Bedeckung zu dem goth. haman bekleiden. Gleichbedeutend ist auch behammen *v. a.*

behammen s. behammeln.

beibes *n.* der Bienenkorb, Immenkorb, luxemb. Beiefass, von Bei, sächs. bå die Biene, mit Umlautung des f in b wie in barfuss, sächs. barbes.

bekärscht *adi.* mit einer dünnen Eiskruste überzogen, beharscht, schliesst sich an das ns. Korste, holl. Kerst, Kruste.

bekätzen *v. r.* 1. unzüchtigen Umgang mit einer Person haben, sich begehen; 2. sich mit Jemanden abgeben, gemein machen; bair. sich bekötzen, bekützen, huren, welches Schmeller von Kotzen, alte Hure ableitet. Ohne hier die verschiedenen Erklärungen unseres Wortes, welche versucht worden sind, anführen und prüfen zu wollen; wird es genug sein, dabei auch das mhd. Kebese, Kebse, Kebsweib, das mhd. sich bekebesen, holl. Kesen, Keysen, huren nicht unerwähnt zu lassen.

bekillen *v. a.* berauschen, s. killen.

bekridden *v. r.* s. kridden.

beläwern *v. a.* Die entflohene Liebe wieder anzufachen suchen. Die wahre Wurzel des Wortes ist nicht in Liebe, sächs. Läw, sondern nach den Wortbildungsgesetzen der deutschen Sprache in dem mhd. lafern, schwäb. liefern, schwatzen zu suchen, und das Wort entspricht daher dem hd. beschwatzen.

beloschen *v. n.* und *a.* bepissen, sich bepissen, besonders von kleinen Kindern, stammt mit der dazu gehörigen Schelte Losch *f.* Pisskind, Pissbeutel, Pissränzel, von dem gleichbedeutenden schwäb. losen, loosen, von dem mhd. und bair. Los, schwäb. Laus, das Mutterschwein, *fig.* schmutzige Weibsperson.

bemôgeln *v. a.* betrügen, berücken, bemunkeln, beschummeln, von dem mhd. mucheln, heimlich thun, versteckt oder tückisch thun, daher denn mit dem hd. meucheln, heimtückisch handeln, und der davon gebildeten Wortreihe zusammengehörig, „und uwwedem bemohkelt er, dass mer'm net genug af die Finger gucke kann" sagt der Bauer von einem andern Spieler iu einer Darmstädter Lokalposse bei Firmenich a. a. O. B. 2. S. 38.

berichte' gohn *v. n.* zum Kranken gehn, um ihm das h. Abendmahl zu reichen. So auch in der Mundart von Attendorn bei Firmenich a. a. O. 1. 354 „ens gar bim berichten gohn — os Schnö. achde (lag) hong hai unser Hiargood (die Hostie) an en Drust (Strauch)." So sagt man auch mhd. und gemeind. einen berichten, ihm das Sterbsacrament reichen, und dieses selbst heisst bair. Berichte.

„Fruwe, ju (ihr) scholten doch balde kuomen,
„Junen (euern) Mann willt sa berichten
Willt se'n berichten,
Mag he bichten,
Hopp! en'n Dånsken 'n tewee of dree"

singt ein Bauernlied aus der Umgegend von Osnabrück. Firmenich a. a. O. 3. 160. 'Da das mhd. sich richten die Bedeutung: sich zum Tode bereiten, auf den Tod gefasst sein, hat, so ist der Sinn unseres Ausdruckes: durch die Darreichung des Sterbsacramentes zum Tode bereit machen, klar.

berômen *v. a.* berussen, beschmauchen, *fig.* betrügen, bair. berämsen, von dem mhd. Ram, Russ, sächs. rôm m. Daher: berômt, berusst, fig. armselig, elend, s. beschömmern. So heisst auch bair. ruessig, nicht ohne Fehler, nicht tadellos, und beruessen, an der Ehre beflecken. Wir sind alle ruessig, sagt eine alte Predigt, und: O h. Cäcilia, heisst es in einer andern, müsstest du auf Erden unter diesen Lumpen von Musicanten herumgehen, so kämest du kaum ungerussigt davon. Schmeller a. a. O. 3. 138.

beschömmern *v. n.* von der Abenddämmerung überfallen werden. Das davon gebildete Mittelwort: beschömmert wird bildlich auch zur Bezeichnung eines armseligen, bedrängten Menschen gebraucht. So auch das altbair. beschimmert. „Dass ihr ewer Braut beschimmeret und runzelicht macht." Schmeller a. a. O. 363. Von dem mhd. Schem, Schatten, Schemerung, Dämmerung: daher in der sächs. Mundart schömmert m. auch als Eigenname von Waldungen nicht selten ist.

betarkeln *v. a.* betrügen, übertölpeln, auch hd. in der Form betörkeln nicht ungewöhnlich. Die Zusammensetzung des Wortes mit dem ns. taren, targen schwäb. targgeln, etwas in den Händen herumziehen, wird durch die gleiche Bedeutung des hd. beziehen, betrügen, gerechtfertigt.

betörtschen *v. r.* sich betrinken, benebeln; dem etymologischen Sinne nach: sich durch Trinken um den Verstand bringen und zum Thoren machen, von dem mhd. törsch, schweiz. törtsch, taub, blödsinnig, albern.

betümposen *v. a.* trunken machen *r.* sich berauschen. Nach den Wortbildungsgesetzen wird sich das Wort durch das mundartliche Tampus, bair. Dampes, Rausch, Trunkenheit, an das mhd. tumb, dumm anschliessen und mit dem sächs. Tumpes m. Dummkopf zusammengehören.

bezwegen *v. a.* überlisten, mundartliche Form des mhd. beswichen, bethören, überlisten, Beswich, Betrug, schwichen, täuschen, im Stiche lassen.

bicka *m.* 1. der Stier, 2. der stumme Zorn, Eigensinn, Trotz; gehört in die Reihe derjenigen sächsischen Wörter, welche gemeinhin für ungarisch gehalten werden. Dass das Vorkommen eines von den Deutschen gebrauchten Wortes in einer fremden Sprache an und für sich nicht als Zeugniss seiner ursprünglichen Heimath angesehen werden darf, brauchen wir nicht zu bemerken. Ebenso gewagt wäre es aber auch, das Deutschthum solcher Wörter durch die Berufung von Aehnlichkeiten retten zu wollen. So ist, um hier nur ein Beispiel anzuführen, die Vergleichung des auch unter den Sachsen üblichen Wortes birschâg, ungr. birság, mit dem mhd. Burgezoc, Bürgschaft, Strafe, die der Bürge bei dem Wegbleiben des Verbürgten zahlen muss, und dem davon gebildeten Zeitworte burchzogen (das ein Vaidt von schonecken noch neman twingen, noch burchzogen soll. J. Grimm deutsche Weisthümer 2. S. 519.) allerdings gestattet, ohne dass aber darauf allein eine unumstössliche Folgerung gezogen werden kann. Wir beschränken uns daher auch hier auf die Anführung von deutschen Wörtern, welche bei bicka und den damit zusammengehörigen: bicken *v. r.* sich eigensinnig, störrig, trotzig geberden, bickig *adj.* störrig, eigensinnig, mürrisch nach Form und Sinn nicht übersehen werden dürfen. Zu dieser Wortreihe gehören ns. Buko Kuh, holst. Buko, Buoci, das Rindvieh, aach. böken, brüllen, mhd. Bick Stoss, Stich, ns. baken, bocken sich trotzig geberden, stieren, bair. bocken, schmollen, bockisch, schles. böckig schmollend, die schlesische Schelte eines wilden und störrischen Kindes Bock u. s. w.

 bicken s. bicka.
 bickig s. bicka.
 birschâg s. bicka.
 bier *m.* In der Verbindung mit Piter (Peter) begegnet uns dieses Wort, die mundartliche Form des hd. Bär in der bekannten Frage an Kinder: Wier? der Piter Bier, und sonst als Bezeichnung einer leeren Schreckgestalt. In einem bekannten sächsischen Gedichte auf die in dem Jahre 1809 errichtete Bürgermiliz einer kleinen Stadt erscheint es des Reimes wegen abgeschliffen in Bî.

  Wenn ech de Schildwacht frögt: Qui vi?
  So sprecht: ich bän der Pîter Bî
  Mät klapperäne Schällen

räth der Verfasser seinen Landsleuten, damit sie mit den Wachposten in Frankreich nicht Händel bekommen. Offenbar haben wir dabei an den gefesselten Bären zu denken, der in Stroh, vorzugsweise in Erbsenstroh gehüllt, den Schimmelreiter bei seinem Umzuge am Weihnachtsfeste begleitet. Dass dieser Umzug an den Umzug Wuotans in den Nächten der Wintersonnenwende erinnert, steht fest. Vgl. G. Weinhold Weihnachtsspiele und Lieder Gratz 1853. 8. S. 6. und über die Nachklänge von diesem Umzuge in sächsischen Volksbräuchen Wilh. Schuster Woden. Hermannstadt 1856. 4. S. 22. Ob übrigens bei dem „Piter" an den h. Petrus, der in der christlichen Zeit gern an die Stelle heidnischer Gottheiten tritt, zu denken sei, bleibt eine offene Frage. Hier stehe nur noch die Bemerkung, dass im Elsass auf vorwitzige Fragen die ähnliche Antwort:

  Wer? — der Hans Bär.

gegeben wird. Frommann a. a. O. 4. S. 476.

 bîr *m.* der Eber, Zuchteber, auch in einigen Gegenden Deutschlands Bär, schles. Ber, aachn. Bir, luxemb. Beer, in alten Weisthümern Beir: „darauf soll man finden Zillvieh, als nehmlich Steir und Beir." J. Grimm deutsche Weisthümer 1. S. 198.

 birreschâsselt s. schâsselt.
 bîrten *m.* s. bûrten.
 bîsackes *m.* meist als Schelte schlimmer und eigensinniger Knaben und Mädchen, seltener auch von Erwachsenen gebraucht. Zweifelhafter als die erste Sylbe des Wortes, deren Identität mit dem hd. böse (sächs. bîs) auf der Hand liegt, ist dessen zweite Hälfte. Sollen wir dabei an das mhd. Agaz, elfenartiges Wesen, oder vielmehr an die mit Hexe in dieselbe Bildungsreihe gehörigen

süddeutschen Wörter Hagg, Haag, Schalk, Hagsch, Hakker, altes, böses Weib denken?

bisebâchen s. bisen.

bisen v. n. summen, figürl. leise reden, leise rufen, wispern, mit dem davon gebildeten bisern (auch pisern) zischen, z. B. von feuchtem Holze u. s. w. fig. aufbrausen, zürnen. Die Analogien unserer Wörter begegnen uns in dem südd. bisten, bissen, biesen summen, bösern, aufbrausen, dem schwäb. bisern, geschwind laufen, mit gehobenem Schwanze vor Hitze in die Höhe springen u. s. w. Die gemeinsame Wurzel liegt in dem altd. pison brausen, womit das mhd. Bise brausen, der Wind u. s. w. zusammenhängt. Gleichen Ursprungs ist wohl auch nicht nur das sächs. biserig adi. auffahrend, sondern auch die Schelte eines leicht aufbrausenden Menschen bisebôchen d. i. summendes Bienchen.

biserig s. bisen.

bisern s. bisen.

biwwern v. n. beben, zittern, z. B. vor Frost, Zorn u. s. w. engl. bever, bibber, ns. beven, bevern, aachn. bibbeln, schweiz. bibbern, intensive Formen von beben.

bläck m. leichter Ausdruck der Verwunderung und des Scheltens, zumal in dem Ausrufe: dat dich der Bläck, und ähnlichen; wie das hd. Blitz, mhd. Blick, schwäb. Wetterblick. So entspricht auch das von unserm Worte gebildete bläckig, adi. und Bläckschlåg (von Schlåg, Art, Schlag) dem hd. Blitzjunge, Blitzkerl. In gleicher Weise werden die Participialformen verbläckt und gebläckt auch vor Adjektiven verstärkend gebraucht z. B. gebläckt, oder verbläckt hisch, tumm, sehr hübsch, blitzdumm u. s. w.

bläckig s. bläck.

bläckschlåg s. bläck.

blåtz m. s. kärşen.

bôcht n. das Strohlager der Hausthiere, besonders der Schweine, die Streu, das Gestreute, hamb. Puncht, schlechtes Bett, südd. Bächt, Puecht, Gebâcht, schles. Bocht, Auskehricht. Alle wurzeln in dem mhd. Bacht, Unrath, Kehricht, Lager von Laub oder Stroh. Von bôcht stammt auch das sächs. Gebôchtsel, zerquetschtes, kleines Stroh, welches vom Futter des Viehes übrig bleibt, und in Unrath gehet, hd. Wirrstroh, Krummstroh, Rittstroh.

bockelhouw s. bockeln.

bockeln v. a. den ehemals üblichen, jetzt nur noch auf dem Lande beibehaltenen Festschmuck sächsischer Frauen aufsetzen, dessen wesentlicher Bestandtheil die bei reichen Frauen aus Gold- und Silberstoff gemachte, und mit oft sehr kostbaren, auf dem Buckel mit Perlen besetzten Nadeln versehene sogenannte Bockelhaube (sächs. Bockelhouw) war. Eine ähnliche Haube heisst auch in Augsburg Backel- oder Boggelhaube, nach Schwenck entweder von ihrer backenförmigen Gestalt, oder weil sie Backen an den Seiten hat. Für die letztere Ansicht scheinen die deutschen Benennungen einer

Art tief in das Gesicht gehender Hauben: Backenhaube, oder Backleinhaube, schwäb. die Backel zu sprechen. Im Luxemburgischen bedeutet Back eine Weibermütze, Kogel, und ist ein Schmuck von Frauen geringern Standes (sorte de coiffure de femmes du menu peuple, et des paysannes). Bildlich wird sich bockeln auch für: sich betrinken, gesagt.

böllesch *m.* der Tölpel, plumpe Mensch. Man wird wohl versucht, in diesem und dem gleichbedeutenden luxemb. Worte Bölles eine mundartliche Form des ns. Bullocse, Stier, Ochse, zu vermuthen — wer wird diesem Thiere die Ehre streitig machen, in allen Sprachen ein Typus der Dummheit zu sein? Wenn wir indessen bemerken, dass in vielen sächsischen Hauptwörtern die tonlose Endung —esch dem Aachner —es entspricht, und gerade wie jenes zur Bildung von Namen gebraucht wird, welche den Nebenbegriff des Lächerlichen enthalten; so dürfte die Wurzel desselben füglicher in Boll, Kugel, Klumpen, zu suchen sein. So wird auch in Schwaben ein Kothklumpen, und ein grober, plumper Mensch Bolle genannt, und keiner andern Ideenverbindung hat auch das hd. Wort Dickkopf, schwäb. Bollengrind, die Bedeutung des eigensinnigen Menschen zu verdanken. Und so würde böllesch, und das sinnverwandte boltesch, albern, mit dem sächs. kuopig, dumm, eigensinnig, hd. köpfisch, ns. koppig, in eine parallele Bildungsreihe gehören.

boltesch s. böllesch.

bonjeln *pl.* im Burzenlande die Spielkarten. Diese Bedeutung des seltenen Wortes führt von selbst auf das mhd. baneken sich durch behagliche Anstrengung erlustigen. Banecken Erlustigung, Erholung, bei welchem Beneke nicht zu entscheiden wagt, ob es deutschen oder romanischen Ursprunges sei. Nach Form und Sinn ist verwandt das schwäbische bänkeln Pharao spielen, von Bank in der bekannten Bedeutung des Wortes. Für die Richtigkeit dieser Ableitung sprechen die aus gunkeln, schwanken, und munkeln gebildeten sächsischen Zeitwörter gonjeln, monjeln.

borger *m.* der Amtsgehilfe eines Dorfrichters. Dass ehemals auch in Städten die Mitglieder des Rathes diesen Namen führten, ist nicht zu bezweifeln. „Die Herren, die Purger, dy nach den Gnaden Gottes yerlichen gewelet werden, sollen von der Stadt yerlichen vor yre sorg habenn mytcinander yn einer Summe fl. 80." Statuten der Stadt Hermannstadt vom Jahre 1541. bei G. Seivert die Stadt Hermannstadt 1859. 8. S. 39. So wurden auch in deutschen Reichsstädten die Mitglieder des innern und äussern Rathes Burger oder Burger des Rathes genannt.

botsch *f.* die Sau, das Schwein *fig.* der Schmutzfink, Schmutzhammel, 2. der Stechapfel (datura stramonium) unstreitig, wie der deutsche Name Igelkopf, von den Stacheln seiner Frucht so benannt. 3. in veralteter Bedeutung das Wurstmaul, die Schnauze, schwäb. die Batzenwaffel. Zu dem veralteten deutschen Bâtze, Botze, Bitsch das Schwein gehörig.

bråleng *m.* der Frischling, Frisching. Wie das hd. Wort von frischen, mit heissem Wasser abbrühen, so stammt auch unser Wort von dem sächs. brån, brån, brennen, brühen, und bedeutet ein Schwein, welches beim Schlachten nicht gesengt, sondern bloss abgebrüht wird, figürlich einen fetten, wohlgemästeten Menschen. An der Eifel kommt das Wort in der Form Brölöng vor, und in niederrheinischen Weisthümern wird „ein Schwein und ein Brölingh" unterschieden. J. Grimm a. o. O. B. 2. S. 111.

brälft *f.* die Hochzeit, mhd. Brutlouft, Brutlouf, altbair. Bråutläuft, Brautluof, ns. Brulloft, in niederrheinischen Weisthümern Brulloft. J. Grimm a. a. O. B. 2. S. 22. Ob die zweite Hälfte des Wortes von geloben stamme, oder eine Anspielung auf eine alte dunkle Sitte, um die Braut zu laufen, darin enthalten sei, getraut sich Grimm in seinen deutschen Rechtsalterthümern S. 404, nicht zu entscheiden.

branneschierz *f.* der Brunnenkasten, Brunnenkranz, Brunnenschrampf. Die zweite Worthälfte stammt von Schurz, welches in weiterer Bedeutung von einem Dinge gebraucht wird, welches einem andern zur Bedeckung, Befestigung, oder Einfassung dient.

brässler *m.* gebrechlicher, pressbafter Mensch, von dem mhd. Brast, Brest, Gebrechen, bresten, gebrechen, fehlen, bair. Bresse, Gebrechen, schwäb. Brest, das Gebrechen, die Krankheit.

brastig *adj.* brüchig, barstig, schranzig, von dem mhd. Brest, Bruch, bresten, brechen.

brätten, gedeihen, wachsen, besonders von Bäumen gebraucht; ist das mhd. breiten sich ausdehnen, anwachsen.

bredull, bredulle *f.* die Verlegenheit, Klemme; wie das gleichbedeutende bair. Bredúlti mundartliche Entstellung des franz. bredouille.

brockt *f.* die Braut (bröjem, südd. Briegeme der Bräutigam. Der sächs. Redensart: de Brockt führen, die Braut führen, d. h. Steine schief auf das Wasser werfen, so dass sie auf der Oberfläche forthüpfen, entspricht genau die schwäbische Benennung dieses schon den Griechen bekannten Spieles: das Bräutlein machen, schweiz. Bräutli machen, bei dessen Erklärung nach Schmidt's Bemerkung an die der Braut schuldige zarte Behandlung, und an ihr eigenes leichtes und neckisches Hüpfen durch das Leben zu denken ist.

broddel s. bröddeln.

bröddeln *v. a.* mit dem Raidel, Reitel, Packreitel (sächs. bröddel *m.*) fest zusammendrehen, reiteln, mundartliche Form des mhd. briten, drehen, flechten, zu welchem auch das mhd. Britel, der Zaumrieme, und das ns. bereiden, mit fünf Stöcken knittern, gehören.

buddern *v. r.* in der Kindersprache: sich füttern, satt essen, schweiz. sich buddeln nach der holsteinischen Mundart buddelt sich die Henne, wenn sie sich vor Vergnügen im Sande wühlt, die Erde unter sich aufkratzt, und sich in dem Staube herumwälzt. In demselben Sinne wird wohl auch der sächsische Ausdruck hie und da gebraucht. Gehört mit dem davon gebildeten Kosenamen kleiner, gemästeter Kinder: buddri, südd. butterwinzig, buderwinzig, schweiz. Buder kleiner, dicker Mensch, und dem sächs. buddrig *adj.* dick, gemästet, in die Reihe des mhd. Bottich (sächs. butch) Rumpf, Bauch, Butterich, Schlauch, Fässchen u. s. w.

buddri s. buddern.
buddrig s. buddern.
buffannt, buffanta *m.* spottweise Benennung einer plumpen, schwerfälligen Person. An das aus Epiphania entstellte italiänische befana, grosse, zum Schrecken der Kinder am Dreikönigstage aufgestellte Puppe, *fig.* hässliches Gesicht, J. Grimm d. Myth. 260, wird bei der Erklärung des Wortes wohl nicht zu denken sein. Unstreitig hängt es mit dem franz. bouffer, und dem veralteten deutschen buffen, puffen, aufschwellen, zusammen, und gehört daher zu dem franz. bouffant, bauschig; étoffe bouffante, bauschiges Zeug, öster. Buffahn, Reifrock der Frauen, Wülste, welche sie sich um die Lenden binden, um dick auszusehen. In Aachen heisst ein wulstiger Halskragen Buffant.

bulduck *m.* der Tölpel, dürfte wohl mit dem von bull, Stier, Ochse, Bulle, abgeleiteten engl. bullock Ochse zu vergleichen sein.

buorch, buorich s. gottsbärg.

bûrten *m.* der mit schwarzem Sammt überzogene, manchmal auch mit Spitzen besetzte zylinderförmige, oben offene Kopfschmuck heurathsmässiger Mädchen, welche daher bûrtemèd d. i. diesen Schmuck tragende Mägde genannt werden, ehemals auch in den Städten, jetzt nur auf dem Lande üblich.

Gåde Nôćht, gåde Nôćht,
Tå menj låwer Bûrten,

wird hie und da am Polterabende, oder am Hochzeitmorgen der Braut gesungen.

Mâtz die sächsische Bauernhochzeit. Kronstadt 1859 S. 48. und:

Lâwe Fuosnicht kist te wödder,
Jtzt e Jôhr bliw ich üwrig:
Sâl ich de Bûrten nôch lang drôn,

klagt das Waisenmädchen in einem sächsischen Volksliede. J. Haltrich die Stiefmütter, Stief- und Waisenkinder in der siebenb. sächsischen Volkspoesie. Wien 1856. 8. S. 31. In dem ungrischen Berglande ist der Borten ein mit Spitzen oder Perlen besetzter Reifen der Zipser Jungfrauen um die Haare, slav. und ungrisch Pázta genannt. Im Sachsenlande unterscheidet man den ungrischen und den deutschen „bûrten". Jener ist oben eine Hand breit, — oft breiter — dieser, dessen sich an einigen Orten die mittlern Mädchen bedienen, zwei Finger breit, und mit goldenen oder silbernen Spitzen besetzt. J. Seivert von der siebenbürgisch-sächsischen Sprache in K. G. v. Windisch ungr. Magazin. Pressburg 1781 ff. B. 1. S. 265. Eine ähnliche Kopfbedeckung der Jungfrauen bei Hochzeiten heisst in Schwaben Boreit, und der Kopfputz der Schweizermädchen auf

dem Lande die Borte oder das Bortli. Mit dem mhd. Borte, Borte, Mädchenschmuck für den Kopf, und den „lichten Porten", welche in dem Nibelungenliede als Kopfputz der burgundischen Jungfrauen erscheinen, gehören alle diese Wörter zu Bord Rand.
bůrtemêd s. bůrten.
butch s. buddern.

C.

Siehe unter K.

D.

Dannerkrockt *n.* (Donnerkraut), die Hauswurz, das Hauslaub, sempervivum tectorum L. Wie der Name Donnerbart, den die Pflanze in Deutschland hat, so steht auch unsere Benennung mit dem Volksglauben in Verbindung, dass sie auf das Dach gepflanzt, vor dem Einschlagen des Blitzes sichere. J. Grimm deutsche Mythologie S. 167.

dannerstig *m.* (Donnerstag) heisst in einigen Gegenden des Sachsenlandes, wo er am Donnerstag abgehalten wird, der Wochenmarkt. In dem sächsischen Volksmärchen, welches J. Haltrich zur Thiersage. Kronstadt 185. S. 40. mitgetheilt, kehrt der Zigeuner vom Donnerstag mit allerlei Sachen, die er für seine Kinder gekauft, nach Haus. Vor der Kaiserin Maria Theresia — scherzt der Volkswitz — erschienen Abgeordnete von Birthelm, und baten mit Beziehung auf das Marktrecht der Stadt Mediasch,-ihnen auch einen Donnerstag zu geben. Sie schieden ganz glücklich mit dem Bescheide, es solle fortan auch in B. auf jeden Mittwoch ein Donnerstag folgen. So „weist" auch das Weisthum von Neumogen an der Untermosel „das alle Donnerstags ein freier Wochenmarkt" sein solle. J. Grimm deutsche Weisthümer 2. S. 325. Unstreitig hängt diese Sitte mit der jetzt noch in vielen Gegenden Deutschlands üblichen Heiligung des dem Donar geweihten, und nach ihm benannten Wochentages zusammen. J. Grimm d. M. S. 173. ff.

dännrůr s. rûren.

dânseln *v. n.* zögern, zaudern, tändeln, frequentative Form des mhd. dansen hin- und herziehen.

dâsen *v. a.* ziehen, stark ziehen, zerren. Näher noch liegt die andere mundartliche Form diusen, die besonders auf dem Lande häufig ist, dem mhd. diusen, an der Eifel dasen, ziehen.

dâssen *v. a.* das Mehl durch ein dichtes Haarsieb, sächs. **dässzîms** *f.* genannt, schlagen, von dem mhd. dehsen, schwingen.

dîndopp *m.* der Einfaltspinsel, Tropf, Tölpel, bair. Dilltapp, läppischer Mensch, schwäb. Dehnfudd, alberne, träge Weibsperson. Die Anknüpfung der ersten Worthälfte an dehnen, sächs. dînen, welches auch von der Faulheit gebraucht wird, kann nicht umgangen werden. Die zweite hat ihre nächsten Verwandten in dem bair. Tapp; ns. Dubbe, Dobb, Dobbe, Tölpel, und wurzelt in tappen, plump auftreten, sich plump benehmen. So schliesst sich auch das d. Tölpel bekanntlich an talpen, plump auftreten, sich plump benchmen an.

dïssem *m.* der Sauerteig, Hebel, 2. das Brot; mit dem Zeitworte dïssemen, den Sauerteig einkneten, von dem m. Deiseme, deismen; aach. die Deissem u. s. w.

dlusen s. dâsen.

dodderzen s. toddern.

dolgesen *v. a.* Knuffen, Kneffeln, ns. dolsken, schlagen, von dem mhd. Tolks, Wunde. Ebendahin gehört auch das westerw. Tolges, eine Tracht Schläge.

dopp *m.* der Kreisel, womit auf dem Eise gespielt wird, der Brummkreisel, südd. Topf, Dopf, in der Gegend von Aachen Dopp oder Topf genannt. Die bekannte Redensart: en Dopp dân, einen Dopp thun, d. i. fallen, *figürl.* fehlschiessen, sich irren, täuschen, ungeschickt benehmen, könnte entweder durch: dem Brummkreisel gleich fallen erklärt, oder aber an das in dîndopp (s. d. W.) vorkommende Tapp, ns. Dopp, Tölpel geschlossen werden. Jedenfalls erscheint das Zeitwort dân, thun darin in der veralteten Bedeutung von machen. Der synonyme Ausdruck: än't Däppen dân d. i. in den Topf thun (seine Noth in den Topf verrichten) kann nur als eine humoristische Umdeutung angesehen werden.

drög s. drogen.

drogen *v. n.* trochen werden, trocknen, *fig.* schlafen. In beiderlei Bedeutung wird auch die Form drögen, welche eigentlich trocken machen heisst, gebraucht. Von dem sächs. drôg ns. drôg, bei Luther Jes. 19. 8. treug trocken. In der figürlichen Bedeutung entspricht das Wort dem deutschen Ausdrucke trocken werden, und mag wie dieser ursprünglich: einen Rausch verschlafen, bedeutet haben.

drůmzuogel s. pisel.

drutzig s. drutzken.

drutzken *n.* das Liebchen, Herzchen. Wie das dazu gehörige Eigenschaftswort drutzig, bair. trutzig, schwäb. drutschig, herzig von dem mhd. triuten, zärtlich lieben, Triutinne die Geliebte, triut geliebt, werth, traut. So heisst auch schwäb. Drutsch, eine dicke, jedoch hübsche und herzige Weibsperson.

duckas, in der Redensart: duckas gôn, (duckas gehn) verloren gehn, verpufft werden u. s. w., bair. in Tuggis gehen, zu Grunde gehn, verderben. Schwäbisch wird ein verborgener Ort Dockes genannt, und: er geht in Duckes, heisst: er geht verloren. Alle diese Wörter haben ihre gemeinschaftliche Wurzel wohl in dem mhd. tougen, heimlich, verborgen. Dieselbe Wurzel hat das sächs. Toches, *m.* westerw. Tockes, Taukes der Hintere.

durra *f.* wird scheltweise und im Scherze ein dickes, plumpes Weibsbild, eine Strunze, Trutschel genannt. So heisst auch bair. ein solches Weib Durl, und ns. ein altes, brummisches Weib ene olde Turre. Alle schliessen sich an Dorothea, Dore, und gehören zu den Personennamen, welche appellativ gebraucht werden. So heisst auch im Koburgischen eine bäurische und tölpische Weibsperson Dorla oder Durla, und: Geh' du mit'n Durla, tanz du mit'n Dorla bis nach Schweinau, ist ein durch ganz Franken verbreitetes altes Tanzlied. Frommann a. a. O. 2. 189.

E.

endängen, *adi.* viel, sehr viel, verderbt aus unding, welches in mehrern deutschen Mundarten dieselbe Bedeutung hat.

entgläpsen v. n. s. beglupst.

entginzen v. a. verstauchen, von ganz, sächs. gŏnz, gŭnz. Verwandt ist das bair. entgänzen, anzapfen, zerbrechen, zergänzen, unvollständig, mank machen, und das mhd. Unganzi, macula, infirmitas.

enzôwend *adv.* auf den Abend (sächs. Ówend). In der Sylbe enz ist das mhd. unz, bis, während, z. B. unz morgen, bis morgen u. s. w., welches sich in den süddeutschen Mundarten in der Form hinz erhalten hat, nicht zu verkennen.

erfêren v. a. erschrecken, ängstigen, so auch henneb. veraltes erfohren, ns. vervören; westerw. ervöhrt, sehr erschrocken, von dem mhd. Var, Furcht, Angst.

ergüzen v. a. ersetzen, vergüten. So heisst auch mhd. einen eines Dinges ergötzen soviel, als ihm dasselbe vergüten, ersetzen.

erlêchen v. n. vor Trockenheit sich öffnen, leck werden, schweiz. lechen, löchern, bair. lechen, derlechzen von dem mhd. lechen, rinnen. Das Mittelwort erlècht heisst figürlich auch: vor Durst lechzend.

erpoddern v. r. sich erholen, zu Kraft kommen, gehört unstreitig mit buddern (s. d. W.) zusammen. Dafür spricht auch das schweiz. verbudern, durch schlechte Nahrung verkümmern.

F.

fabrickel *n.* die Haarlocke. In Holstein werden kleine Haarlocken Favoritjen, in Oesterreich die an beiden Seiten der Stirne glatt herabgekämmten Haare Favoritte genannt; in Niedersachsen hiessen ehemals falsche, gekräuselte Haare Favoritjen, und allerlei Zierrathen an den Kleidern Favoren. Alle diese Namen bezeichnen die Haarlocke als Mittel, sich die Gunst der Männer oder Damen zu erwerben, und gehören daher in die Reihe des lat. favor, franz. faveur, Gunst, Zuneigung, favori, favorite, Liebling, Geliebte.

fadden *m.* die Melone s. päddem.

falmesch *m.* die Loderasche, die wolligte Russflocke, welche aus der Flamme aufsteigt, mhd. Valivische, bei Otfried Falauriska, luxemb. Foilmesch von fal, falw, fahl.

fangeréhen *n.* der Ring, mhd. Vingerlin, schwäb. das Fingerli.
fanken *m.* zumal in der Verbindung: e licht fanken, ein leichtfertiger, schlimmer Teufel. Aehnlich ist in der Bedeutung das schles. Fantel, Bube, durchtriebener Schalk, österr. das Fantel, leichtsinniger junger Mensch, bair. u. österr. der Fankel, Fankerl, Spadi- oder Sparifankel, Sparifankerl, der Teufel, böse Feind, ob von Funken oder von dem alten vanten, versuchen, getraut sich Schmeller nicht zu entscheiden. Zur befriedigenden Erklärung des sehr weit verbreiteten Wortes bietet sich, wie Weinhold a. a. O. S. 18 richtig bemerkt, ein den germanischen Sprachen ureignes Fant dar, altns. Fant, Fent, mhd. Vanz Schelm, Schalk, schweiz. fanzen, alfanzen, Possen treiben u. s. w.

fängstern, fängtern *v. a.* ausputzen, fenstern, ausfenstern, ursprünglich eigentlich wohl wie das bair. wegfenstern, den vor dem Fenster stehenden Liebhaber schnöde abfertigen, holst. finstern, utfinstern, von Finster, Fenster.

fängtern s. fängstern.

fasîr *m.* in der Redensart: roth im Gesicht wie ein fasîr, wohl nicht von Vezier, sondern entweder: roth wie ein Fasan, oder aber, was viel wahrscheinlicher ist, roth wie eine Larve, Maske, in südd. Mundarten Visir genannt.

fåtchel *m.* der Schleier. Mit dem schwäb. Fachel, Leinwand, die, an den Schleier geheftet, herabhängt, dem schweiz. Fachtli, Fächtli, eine Art Todtenschleier, und ähnlichen Wörtern wurzelt das Wort in dem mhd. Vach, Vachen, das Fangnetz.

fazêtesch *adi.* griesgrämig, schliesst sich mit dem bair. Fastidi, Verdruss, schweiz. Complimente, Ceremonien an das lat. fastidium, zu welchem auch das franz. fachée und das österr. Fascheh, der Verdruss, gehört.

figern s. fikeln.

fikeln *v. a.* in seinem Hause halten und sorgfältig pflegen; mit dem davon abgeleiteten verfikeln, verzärteln. Die Analogien unsers Wortes sind in dem holst. ficheln, westerw. fiklen, bair. fogken, liefl. fücheln, fügeln, kosen, schmeicheln zu suchen; die Wurzel aber liegt in der veralteten Bedeutung von feig, weichlich, weich. In ähnlicher Weise ist davon auch das sächs. figern, feige sein, feige, verschämt thun, gebildet.

fizern *v. n.* oberflächlich, leicht braten; wurzelt mit dem sinnverwandten schwäb. pfistern, bähen, Pfister, Pfisterer, der Bäcker in den Klöstern, Pfisterei, die Bäckerei, in dem lat. pistor, der Bäcker.

flänkesch *m.* als Schelte einer plumpen Person, der Lümmel, luxemb. Flantes, bair. der Flank, Flänkel, männliche Person von lumpichtem, verwahrlostem Ansehen, von Flanken, Flänkeln, die Flügel, die Arme schwingen, sich hangend bewegen. In der Schweiz bedeutet Flänng, Pflanng eine träge, zerlumpte Weibsperson, und ummiflanngen, müssig hin und her schlendern.

flännen *v. n.* im verächtlichen Sinne: weinen, heulen, bair.

flennen, schwäb. flennen, flänslen, heulend Thränen vergiessen, von dem mhd. vlennen, weinend das Gesicht verzerren, Vlanz verzogenes Gesicht, welches in dem mit flännen gleichbedeutenden sächsischen flînzen ganz deutlich erkennbar ist.
flînzen s. flännen.
flîrig *adi.* s. flûr.
flühnelster *m.* der Haarspalter, Haarklauber, unstreitig von Floh, sächs. Flûh, und dem mhd. Niz, das Ei der Laus, die Niss. So heisst auch südd. ein Mensch, der jede Kleinigkeit beachtet und sich auch des kleinsten Gewinnstes nicht schämt, ein Nisser.
fluosûgeln s. nêssûgeln.
flûr *f.* die Hirtenflöte, gemeine Flöte. 2. der von dem Elbogen knapp anschliessende Aermel an den Hemden der sächsichen Bäuerinnen. 3. In dem Ausrufe: „en Flûr" zur Bezeichnung von leeren Worten, daher auch einer abschlägigen, nichts zusagenden Antwort. Wie das hd. Flöte seine Wurzel in dem mhd. Vloite, Vloite, Hollunder, aus Holler verfertigte Pfeife hat, so muss auch das sächsische Flûr auf Flieder, ns. Vlier zurückgeführt werden.

    Kamelle än jest Fliereblomme
    We'd wie Schlat (Salat) ere genommen,
    Än der Bur es kuriert

klagt der Arzt vom Lande ärgerlich darüber, dass er von den Bauern nicht gesucht wird. W. Weitz Klänge der Heimath, oder Sammlung auserlesener Gedichte in der Aachener Volkssprache. Aachen 1841. 8. S. 1. Die zweite Bedeutung hat ihren Grund wohl in der pfeifenartigen Rundung und Gestalt der Armspindel. So heisst auch ns. ein Trinkglas mit einem langen und zugespitzten Kelche eine Fleute, und schwäb. werden Halbstiefel Flauden oder Flauten genannt. In der dritten Bedeutung finden sich die analogen Ausdrücke in dem ns. Ja Fleuten! Fleuten sind haale (hohle) Piepen! Ik will di wat fleuten (sächs. ich wäll der Äst fluren), ich will dir was anders thun, was mahlen u. s. w. Von Flûr stammt flûren 1. die Flöte blasen, 2. trinken, mit dem davon gebildeten sich befluren, betrinken. Die zweite Bedeutung führt auf die Annahme, dass ehemals Flur wie das ns. Fleute auch ein Trinkglas bedeutet haben mag. Dagegen aber führt das in Zusammensetzungen mit Grundzahlen, wie zwieflîrig, drôflîrig u. s. w. vorkommende flîrig, reihig, aus Reihen bestehend, nicht auf Flur, sondern auf das ns. Flarre, Flirre, ein kleines dünnes Stück, luxemb. Flor der Faden und gehört mit dem hd. Flarden, Flarren, ein breites Stück, Flirre, ein breiter Schnitt, zusammen.
flûren s. flûr.
fôren *v. a.* auffangen, namentlich den Spielball; mit dem davon gebildeten affôren, auffangen; bildlich: was ein Anderer sagt, auffangen, um es zu tadeln, oder übel zu deuten. Sehr bezeichnend heisst im Volke ein Schmarotzer Schankeförer, d. i. ein Mensch, der die ihm zugeworfenen Markknochen (sächs. Schank, von dem mhd.

Schinke, Bein) gierig auffängt. In fôren ist das mhd. varen, auf etwas lauern, gar nicht zu verkennen.

frânem *n.* ein Frauenzimmer, von frâ, frâ, Frau, und der veralteten Bedeutung des Wortes Namen, Person. So werden in Schriften des dreizehnten und vierzehnten Jahrhundertes die drei Personen der Gottheit oft die drei Namen genannt, und in gleicher Bedeutung wird auch Mannsname sächs. Mannsnum, und verkürzt Mannzem, und Frauenname sächs. Frânem statt Mann und Frau gebraucht.

fritef *m.* der Kirchhof, Gottesacker. Allerdings ein Ort der Ruhe und des Friedens; doch stammt der Name nicht von Frieden noch von dem sächs. Friden, m. das Friedhag, der Friedzaun, sondern der Gottesacker heisst, wie ein alter Schriftsteller sagt, „darumb ein Frithof, daz er geheiligt und gefreit sein sol vor allen bösen Dingen." So hiessen ehemals nicht nur die Kirchhöfe, sondern alle Freistätten Freit- oder Frithöfe.

frommenssan *m.* besonders als vertrauliche Ansprache eines Mannes üblich. Der häufig gegebenen Erklärung durch: frommen Mannes Sohn ist die Zusammenstellung des aachn. Frommensch, holl. Vrouwenmensch das Frauenzimmer und die Erklärung durch: Frauenzimmerssohn wohl vorzuziehen. Dafür spricht auch das aachn. Mannsmensch, Mann. „Es geht näs äver änen ordentliche Mannsmensch" sagt die junge Frau zur Freundin bei J. Müller Gedichte und Prosa in Aachner Mundart. Aachen 1853. S. 131.

fuoselnackig *adi.* fadennackend, fasennackend, faselnackend. Der von Adelung u. a. m. gegebenen Erklärung durch: so nackt, dass man auch durch keinen Fasen bedeckt ist, dürfte wohl die Ableitung von dem mhd. Vasel, ein Junges, oder die Zucht von etwas, foetus in utero, embryo, welches uns in dem sächs. fuosleng, gefuosel *n.* allgemeine Benennung der ganzen Kinderfamilie, gemeind. die Fasel, dann *fig.* Pack, Gesindel, niedriger Pöbel begegnet, vorzuziehen sein. Zu Gunsten dieser Ableitung sprechen auch die sächsischen Wörter: purdig, purdignackig *adi.* ganz nackt, purdi *m.* das nackte Kind, das nackt herumlaufende Zigeunerkind, deren Uebereinstimmung mit dem mhd. Bürde die Leibesfrucht, bei Kero Purdi, bei Tatian und Otfried Bürde, gar nicht zu verkennen ist.

futikärl *m.* Schelte eines nichtsnützigen, schuftigen Menschen. „Viel Vette'n (Vettern) viel Fet (Taugenichtse), sagt man im Unterinnthale. Frommann a. a. O. B. 6. S. 36. In der Schweiz bedeutet Fud einen nichtswürdigen, Futli, Fudli einen heimtückischen Menschen; ns. wird ein garstiger Mensch Futikan genannt, und in der Grafschaft Mark sagt man: hä stinked as en Fuddak. Frommann a. a. O. B. 5. S. 169. Der Zusammenhang dieser Wörter, zu denen auch das sächs. Hundsfut, d. Hundsfott gehört, mit dem mhd. Vut Vulva, gemeind. Fotze, steht fest. So wurden in Strassburg diejenigen, welche das Bürgerrecht durch Heurath einer Strassbürgerin erlangt hatten, ehemals spottweise Vutbürger genannt.

G.

găckârsch *m.* die Hagebutte, von gäcken, jucken, kitzeln, und Uorsch, Ôrsch, Arsch: In Tirol hat die bekannte Folge, welche der Genuss dieser Frucht hat, ihr den Namen Arschkitzel verschafft. So wird daselbst eine Art grosser Pflaumen wegen ihrer abführenden Wirkung Arschmarter genannt.

gäcken s. gêkeln.

gaingzelnôwend *m.* der Sylvesterabend, mit erweichtem k statt kaingzelnôwend, von Kaingd, Kängd, Kind, Gekaingsel *n.* das Kindervolk. So heisst auch in Baiern der Tag der unschuldigen Kindlein, an welchem die Kinder des Dorfes bei den Erwachsenen umgehen, und sie mit einer Ruthe um die Beine schlagen, wofür sie dann Kuchen u. dgl., die ärmern ein Almosen bekommen, der Kindleinstag. In Holstein wird in ähnlicher Weise der Weihnachtsabend Kinnjeesabend (Kindjesusabend) genannt. Im Sachsenlande werden hie und da an diesem Abende in den Spinnstuben von den Burschen alle Rocken und Spindeln zerbrochen, daher denn die Mägde nur altes Geräthe, oder gar nur Knüttel mitbringen. J. Mätz die siebenbürgisch-sächsische Bauernhochzeit. Kronstadt. 1859. 8. S. 20.

gămeln *v. n.* mit dem Dativ der Person, schmeicheln, liebkosen, von dem mhd. Gamen, Kamen, Muthwille, Spass, Scherz, Ergötzung, Gamel, Lust, gemeln, gâmeln (er gemelt mit einem Affen) sich belustigen, scherzen.

gangt *m.* der Trumpf, von dem mhd. janen, franz. gagner gewinnen, gagnant der Gewinner. Die Umlautung des j in g, in Wörtern, wie gang, jung, gohr, Jahr u. s. w. ist in der sächsischen Mundart häufig.

gâsig s. vergeiseln.

gassemôsel *m.* s. môseln.

gebläckt s. bläck.

gebôchtsel s. bôcht.

gebrous *n.* der Lärm, die Pracht, liefl. das Gebrûse, das Grossthun, bair. Brast, Bracht, Lärm. Die gemeinsame Wurzel dieser Wörter liegt in dem mhd. Braht, Stimme, vernehmlicher Schall, brehten, rufen, schreien, Gebrehte, Geschrei, welches auch in seiner Anwendung in Redensarten, wie z. B. das guot mit Gebrehte verzerren, groz richtuomes Gebreht, äusserer Glanz, Pompe am Hofe mit unserm Worte übereinstimmt. Unserer Wortform am nächsten steht das mhd. Bras, Gebras, der Schmaus aus vielerlei Esswaaren.

gedâm *n.* das Temperament, schliesst sich mit dem südd Gethun, Getuendle, Getuenach, das Benehmen, an das d. thun, sächs. dân, mhd. getuen handeln, und entspricht dem davon gebildeten mhd. Getuon *f.* die Gestalt, Beschaffenheit. So wird thun noch jetzt in der oberdeutschen Volkssprache für sich benehmen gebraucht, eine Bedeutung, die auch der sächsischen Mundart nicht fremd ist.

gedämmelt *adj.* in Verbindung mit Hauptwörtern, Eigenschaftswörtern und Zeitwörtern. E' gedämmelt Kerl; gedämmelt vil, et rênt (regnet) gedämmelt; überall in der Bedeutung, auffallend, ungewöhnlich, sehr, wie das bair. abtuem, eintümele und das einfache thum z. B. tum Erdbeeren, sehr viel Erdbeeren, groms eintümerle, ungeheuer gross. Mit Schmeller führen wir diese Wörter auf das mhd. Tuom, Tum, Macht, Herrlichkeit zurück.

gedeis *n.* 1. Sammelname für sämmtliche Kleidungsstücke, besonders die aus Leinwand verfertigten, bair. das Gehäs, Getuech. 2. in der gewöhnlichen Verbindung mit licht, leichtfertig; annätz, nichtsnutzig, lüderlich u. s. w. als Schelte eines Frauenzimmers, dem d. Zeug, lüderliches Zeug, Diebeszeug u. s. w. entsprechend. So wie Anzug, Gezeug u. s. w. in ziehen wurzeln, so gehört auch unser Wort mit dåsen (s. d. W.) zusammen.

gedîn in der Redensart Jemanden gedîn dån (thun) ihm zusetzen, ihn zu etwas drängen, ist das mhd. Gedon von dehnen, gedehnen, spannen, „Pilato taten sie gedon" d. h. sie setzten ihm hart zu, heisst es in einer alten Leidensgeschichte.

gedigen *v. n.* (auf etwas) etwas sehr nothwendig brauchen, wurzelt in dem mhd. digen, flehen.

godùn s. gedîn.

gêkeln *v. a.* verspotten, von dem mhd. geken, necken, vexare ns. gekken, deren Wurzel in dem mhd. Gieche, Gouch der Narr, Thor, Geck liegt. In dem sinnverwandten: an einem „gäcken" begegnet uns die mundartliche Form von jucken, und der Ausdruck entspricht dem gemeindeutschen: sich an Jemanden reiben.

gefiort *n.* Messer und Gabel, unstreitig das mhd. Geferte Reisezeug, d. i. was man auf der Reise mit oder bei sich führt.

gefuosel *n.* s. fuoselnackig.

gehå *n.* das Gespötte, schles. das Geheil, mit dem davon gebildeten Zeitworte geheien, im ungrischen Oberlande heien, geheien, spotten, necken, bair. plagen, dessen Spur in dem sächs. å'gchåt bair. ungeheier, ungeneckt, ungeschoren, ungeplagt, vorkommt. Die ursprüngliche Bedeutung dieses im Mittelhochdeutschen nicht vorkommenden Wortes scheint nach Weinhold: schlagen, schneiden, gewesen zu sein, und aus dieser sich dann die einer gewaltsamen Berührung der Seele: ärgern, zornig machen, zanken, spotten entwickelt zu haben. In dieselbe Wortbildungsreihe gehören auch die sächs. Wörter: Kåerå (aus gehåerå gekürzt), und das seltenere gehöggden, in der Redensart: es gehöggt mich, bair. es geheit, es keit mich, es kümmert mich, es gehet mir nach.

gehöggden s. gehå.

gehummert *adj.* gewandt, verwegen, listig, gehört zu den Ausdrücken, welche ihren Ursprung in der uralten, auch von der christlichen Kirche angenommenen Vergleichung des Teufels mit dem Hammer haben. Es ist dies nach der Bemerkung von J. Grimm deutsche Mythologie S. 957 der Hammer Donars, welcher nach dem Untergange des Gottes mit dem Begriffe von Tod und Teufel zusammenwuchs. Wie sich hieraus der ns. Fluch: dat die der Hammer, sächs. dat dich der Hummer! erklärt, so entspricht auch unser Wort ganz genau dem ns. hamersken kerl, verhammert, und dem hd. verteufelt.

genöpp *n.* ein zum Gebrauche in seiner Art wenig taugliches Ding, z. B. ein wackliger Tisch, Stuhl u. s. w. *fig.* ein armseliger, zu nichts brauchbarer Mensch; schliesst sich mit dem sächs. noppen *v. n.* schlummernd mit dem Kopfe wackeln, schlummern und dem davon gebildeten nopperes *m.* der Schlaf an das südd. naupen, gnappen, nopfen, wackeln u. s. w.

gêpesch *m.* scherzweise Benennung einer hölzernen Menschenfigur, welche auf dem Kirchthurme von Birthelm Stunden und Viertelstunden anschlägt. Unstreitig ist der Name von ihrer dummen Gestalt entlehnt, und entspricht daher dem schles. gabsch dumm, albern, de Gabsch ein dummer Kerl, bair. gabesch verkehrt, welche in dem mhd. Gief der Thor wurzeln.

geprîpel s. prîpeln.
geproddel s. prîpeln.
gerämmelt *adi.* leicht überfroren, von dem mhd. Rim, leichter Reif oder Dunstniederschlag, bair. Reim, Reimel, leichter Reif; bereimeln, mit Reif überziehen. Dieselbe Wurzel hat auch das sächsische üwerrämpeln *v. n.* leicht überfrieren.

geschwûrû môntîg d. i. geschworner Montag, heisst im Sachsenlande der Montag nach dem h. Dreikönigstage, an welchem in vielen Gegenden der Dienstbotenwechsel stattfindet, und ehemals Schmausereien der Zünfte gehalten wurden. G. Seivert die Stadt Hermannstadt. Hermannstadt 1859. 8. S. 28. In niederrheinischen Weisthümern heisst der erste Montag nach dem Feste Johannes des Täufers der Geschworenmontag, „aus der Ursach, das ein jeder Hoffmann soll erscheinen ungebolten, und so ferne man dás hält unumbrechlich." J. Grimm deutsche Weisthümer B. 2. S. 533. Da dieser Grund auf die seit ihrer Berufung schon freien Sachsen nicht passt, so stammt der Name wohl daher, dass dieser Montag zu den Pflichtgerichten gehörte, an welchen sich die geschwornen Gerichtsbeisitzer (sächs. de geschwûränen, in niederrheinischen Weisthümern die Geschworren, Grimm a. a. O. 2. 647) betheiligten. Als ein solcher Tag erscheint übrigens der Montag „nach trium regum" auch in deutschen Weisthümern. Grimm a. a. O. 1. 610.

gestüpp *n.* das Gewürze, von dem mhd. Staup, Staub, Mehl. So heisst das Gewürze auch bair. die Stupp, das Gestupp, das Gestuppel, und stüppen, sächs. stäppen, mit Pfeffer und anderm pulverisirten Gewürze bestreuen.

getäckel s. täckeln.

getimper *n.* die vierteljährige Gebühr der Schullehrer. Wie das ns. Temper, Quatertemper, das bair. Kottemer u. s. w. verhunzt aus dem von quatuor tempora gebildetem d. quatember. Wie hier das Quartal des Schullohnes von dem Termine der Einzahlung, so heisst in Tirol die wilde Jagd, und das wüthende Heer, weil sein Umzug nach dem Volksglauben in die Quatembertage fällt, Temper, und in einigen Gegenden des Sachsenlandes werden die Tage vor und nach Quatember, wo man angeblich nicht säen darf, ebenfalls Getimper genannt.

getscharrewàl s. getschorremorr.

getschorremorr oder **getscharrewàl** *m.* verworrnes Geschrei, *fig.* ein Mensch, der verworrnes Zeug plappert, schliesst sich zunächst an das aachn. Scharrewale unverständlich und rasch sprechen, wie z. B. die Wallonen. Gemeindeutsch heisst schorlemorle. Einem Possen vormachen, und bair. Schurimuri eine aufbrausende Person. Unstreitig lauter Nachahmungen eines verworrenen und unverständlichen Geschnatters. In Luxemburg bedeutet Charibari die Katzenmusik.

gewodjel s. wodjeln.

gielfästig *adi.* blassgelb, bleichgelb, besonders von der Gesichtsfarbe. Wie das in der Bildung ganz gleiche ns. blackfüst, bleckfüstig, holst. bleckfeistig, blass (ns. bleek) und kränklich aussehend, so ist unser Wort aus gelb (sächs. giel, gèl) und dem in Zusammensetzungen zur Verstärkung gebrauchten füst, im Reineke Fuchs und in Westphalen vüste, oft, viel entstanden. Alle schliessen sich an das mhd. vaste hd. fast, dessen Bedeutung: sehr, jetzt ganz veraltet ist, jedoch in Luthers Bibelübersetzung in Stellen, wie: sie war fast schön 1. Mos. 12, 14 ein fast grosses Heer das 30, 9, noch vorkommt.

glåter s. Kalwerburg.

glôsen *v. n.* unter der Asche glühen, so auch mhd. und an der Eifel.

goiseln s. vergeiseln.

goisig s. vergeiseln.

gômer, gômerig, gômerkatz s. gômern.

gômern *v. n.* lüstern sein nach einer Speise u. s. w. Nicht etwa von Gaumen sächs. gåmen, sondern von dem mhd. amern, jamern, sehnsüchtig nach etwas verlangen, mit dem der sächsischen Mundart in vielen Wörtern eignen Uebergang des anlautenden j in g. Dafür spricht, dass neben gômern in der That auch jômern vorkommt. In dieselbe Wortreihe gehört gômer *m.* die Lüsternheit, schmerzliche Sehnsucht nach etwas, mhd. Jamer, bair. Amer (einen Amer nach etwas haben); gômerig mhd. jameree, lüstern nach etwas, und die bildliche Benennung eines Menschen, der lüstern wie eine Katze ist: gômerkatz.

goujeln s. boujeln.

gorrefåstig *m.* der Nimmerstag, von gorr *f.* Stute, Pferd, *fig.* Hure, und fåståg, Pfingsten; holst. Pingsten um de Istied, Pfingsten um die Eiszeit, im Winter. In der auffälligen Bezeichnung mag vielleicht die gleiche dunkle Beziehung auf die schon aus Tacitus bekannte Heiligkeit der Pferde bei den Deutschen liegen, an welche unter andern auch das im Sachsenlande nicht ganz ungewöhnliche Aufstecken von Pferdeköpfen auf Thore und Wirthschaftsgebäude erinnert.

gottsbårġ mit der Verkleinerungsform Gottsbärġel *m.* der Zwerg; von W. Schuster mit dem Wodanscultus, und Fro's goldborstigem Eber (sächs. buorċh, mhd. Borch, junges männliches Schwein) in Verbindung gebracht. Da indessen jener Eber nirgends als zwerghaft klein gedacht wird, so ist, wie wir glauben, durch diese Erklärung die Vermuthung einer Entstellung aus dem mhd. Getwerc, Getwergelin Zwerg nicht ganz ausgeschlossen.

gråen s. griddegrâ.

grasnåk, grasnåku *m.* s. måku.

griddegrå *adv.* rittlings, mit ausgesperrten Schenkeln, grätschbeinig. Die erste Worthälfte wurzelt in dem mhd. riden, reiten, geriden, bereiten; die zweite ist das sächs. grâ *f.* der Raum zwischen den Beinen, die Gabel, welche die beiden Schenkel am Rumpfe bilden, bair. die Gritt, Grittel, daher zwische' de' Gritl, sächs. zwäschen de' grå'n, zwischen den Beinen. Mit diesen schliesst sich auch das sächs. vergratschen, die Beine auseinandersperren, *fig.* sich vergratschen, viele Bücklinge machen, bair. gritschen, an das mhd. gleichbedeutende greiten. So wird wohl auch der volksthümliche Name des Wolfes griddegrât, über dessen Ursprung J. Haltrich zur deutschen Thiersage Kronstadt 1855. n. S. 71 verschiedene Vermuthungen aufgestellt hat, am ungezwungensten aus seinem Gange mit ausgesperrten Schenkeln zu erklären sein.

griddegråt s. griddegrâ.

gutzi, gutzo, gutzken s. gutzig.

gutzig *adi.* artig, niedlich, lieb, bair. gottig, gotzig, einzig Für die von Schmeller u. a. m. ausgesprochene Ansicht, dass die Wurzel in dem verstärkenden gott— zu suchen, und das Wort aus gotteseinzig verstümmelt sei, lassen sich Wortbildungen, wie gottschädlich, sehr schädlich, Gottschand, sehr grosse Schande mhd. goteleit maxime invisus u. s. w. anführen. In der That heisst gozzig in der Mundart von Mittelschwaben einzig. „Das ist" sagt der Schulmeister Falk in dem Volksspiele: Ernennung und Heirath des Schulmeisters zu Blindheim, zum Bürgermeister Still, „wohl des Herrn Bürgermeisters Tochter?" „„Ja"", erwidert dieser, „„mer hant caba düi gozzig"" Firmenich a. a. O. 2. 466. und Gottsoberst wird in Oberösterreich der höchste Befehlshaber genannt. Das. 738. Von gutzig kommen die sächs. Kosenamen Gutzi, Gutzo, gutzken *n.*

H.

haċheln *v. n.* viel und frech lachen, holst. bucheln, von dem mhd. Hac, Spott.

hadråṣ s. ambra.

hâgeln *v. n.* Hecken, lebendige Zäune ausbessern, schwäb. hagen von Hag, sächs. Huog, Huke.

hüllerigel *m.* figürliche Benennung eines ausserordentlich bösen Weibes, wie das d. Höllenbrand, Höllendrache, mhd. Hellerigel. Wir verweisen auf Grimms Bemerkung d. Myth. 951, nach welcher der Teufel von früher Zeit an mit zweierlei Geräthen, dem Hammer und Riegel verglichen wurde. Dass im Volke auch Spuren der ersten Vergleichung vorkommen, ist bereits oben (s. gehümmert) gezeigt worden.

hangdsâlder *n.* das frühe, unzeitige Alter — Canis est miseriae typus, sagt Praschius, indem er mundartliche Superlative, wie hundsübel, hundseleud, in deren Reihe auch unser Wort mit dem davon gebildeten hangdsâldrig *adi.* gehört, vergleicht.

hangdsâldrig s. hangdsâlder.

hann *m.* 1. der Vorstand einer Dorfgemeinde; 2. in den Zusammensetzungen: Nôberhann der Vorstand einer Nachbarschaft; Stadthann, der Vorstand der städtischen Polizei. Die erste richtige Ableitung dieses Wortes, zu dessen Erklärung ehemals sogar der Chan der Tartaren herhalten, und der Hann als Dorfschau erscheinen musste, hat Seivert in seiner Abhandlung über die siebenbürgisch-sächsische Sprache gegeben. Vgl. Windisch-ungrisches Magazin. Pressburg 1781. ff. 4. Bände 8. B. 1. S. 270. Der Name steht mit der künstlichen Abtheilung des Volkes nach Zahlsystemen in Hundertschaften oder Huntschaften lat. Centena, mittellat. hunaria, und Zehntschaften lat. decania, deren Ueberreste im Sachsenlande noch in den Zehntschaften der Dörfer, und ihren Aufsichtern, den Zehntmännern, vorhanden sind, in Verbindung. So ist unser Wort mit dem niederrheinischen Hunne, Honne, welches sich in der Geschäftssprache, und hie und da auch in dem Munde des Volkes erhalten hat, identisch, und bezeichnet, wie dieses, ursprünglich den Vorsteher einer Huntschaft. Für die Forschungen über die Heimath der Siebenbürger Sachsen ist diese dem Niederrheine eigenthümliche Volksgliederung von grosser Wichtigkeit, und es hat daher auch die Abhandlung von Lacomblet über die Huntschaften am Niederrhein in dem von ihm herausgegebenen Archiv für die Geschichte des Niederrheins. B. 1. H. 2. S. 239 ff. für die sächsische Wissenschaft einen besondern Werth. Mit eingehender Gründlichkeit weist der gelehrte Verfasser darin diejenigen Gauen des Niederrheines nach, in welchen sich Huntschaften befinden, und erörtert die Amtsbefugnisse des Honnen, dessen Stellung zu den Grafen u. s. w. und gibt so jener einen überreichen Stoff zu Parallelen, deren Verfolgung nicht hieher gehört.

hantatschku s. tôttes.

harlef *m.* der Spagat, das Heftgarn, aachn. Harfel vom mhd. Har, Flachs.

hawdonk *m.* der Dank mhd. Habedanc. Gottes Lohn, der Welt Habedanc sagt der Winsbecke. Figürlich wird im Sächsischen auch der Fussschemel hie und da Hawdonk genannt.

hâzel *m.* s. storhâzel.
hemmelz s. bömmelz.
herrgottûsken *n.* (Herrgottöchslein) der Marienkäfer, im gemeinen Leben auch in Deutschland mit ähnlicher Zusammensetzung unsers Herrn Huhn, das Marienhuhn, in der Schweiz hie und da Hergottenkühli, in Franken Herrgottsmoggele, Herrgottskälbchen, auch Sonnenkuh. Alle diese Namen sind Nachklänge einer Zeit, wo dieser Käfer der Göttin der heitern Lust, Freia geweiht war.
hîbes s. hûbes.
hîderdanner *m.* s. hîderlächt.
hîdergewâddert s. hîderlächt.
hîderlächt *adj.* zunächst in der Verbindung mit Donner in dem Fluche: dat dich det hîderlächt dannerwädder! wechselnd mit: dat dich der hîderdanner! dat dich der Saturnus mät senjem hîderdanner! Die erste Worthälfte wurzelt nicht in heiter, serenus (sächs. hîder), sondern in dem mhd. eiten, ns. hiddern, brennen. Das ebendaher stammende Eigenschaftswort hîdergewäddert (von Wetter, sächs. Wädder) wird gewöhnlich in Verbindung mit Kerl gebraucht, und schliesst sich in Bild und Sinn an das deutsche Blitzkerl. Dass der römische Saturn in einigen Gegenden mit zu dem Cultus der alten Deutschen gehörte, und daher auch Angelsachsen, Friesen, Niederländer und Niedersachsen dem sechsten Wochentage den Namen Sâteresdag, Sâternesdâg, Sâterdach, Satersdag gegeben haben, hat Grimm d. Myth. S. 226. bemerkt. — Zur vollen Gewissheit wird der Zusammenhang der angeführten Wörter mit riten durch den sächsischen Namen der Brennessel oder Etternessel: hîderniessel, erhoben.
hîderniessel s. hîderlächt.
hömmelz *n.* der Boden auf der Stube, der Boden, die Bühne, das Dachgeschoss mhd., Himmelze, bair. das Himmelz, schweiz. die Himmelitze, von dem mhd. himmeln, wölben.
hönkeln *n,* das Huhn, Hühnchen, luxemb. Hönkel, aachn, Hinkelchen bair. Hûnkel von Huhn, luxemb. Hon. So wird auch in einem 1523 gedruckten neuen Testamente Küchlein durch Hûnklen, junges Huhn erklärt.
honklig *f.* ein mit einem Gemengsel von Butter und Eierdotter bestrichener Fladen, volksthümliches Gebäck im Sachsenlande, welches jetzt noch auf den Dörfern bei keinem Feste fehlen darf, und ehemals auch in den Städten allgemein üblich war. Der gewöhnlichen Erklärung des Wortes durch handgleich, die bei Lichte besehen keinen rechten Sinn gibt, ist die Ableitung von dem mhd. Anke Butter, und die Zusammenstellung mit dem in süddeutschen Mundarten vorkommenden ankelig, was nach Butter schmeckt, wohl vorzuziehen. Wenn Schröer in den Beiträgen zu einem Wörterbuch der deutschen Mundarten im ungrischen Berglande. Wien 1858. S. 58. bei der Erörterung des auch jener Mundart eignen Wortes Handlech, ein kleines Brot auf den Dörfern, diese Erklärung mit der Frage: woher das h im Anlaut? bezweifelt, so mag hier die

Bemerkung genügen, dass dieses auch in hantig, bair. antig, hĭederniessel u. s. w. vorkommt. s. hĭderlächt. Figürlich dient unser Wort zur spottweisen Bezeichnung eines langweiligen Redners, dessen Rede so breit ist, wie unser sächsischer Fladen. Weil ausserdem auch das Geschmiere, welches er über das Thema macht, an die Schmiere aus Eierdotter und Butter erinnert, so wird er von dem Volkswitze sehr treffend honkligpräddiger genannt.
honkligpräddiger s. honklig.
höppentöpp *m.* scherzweise Benennung eines zu spät kommenden, nachhinkenden Menschen. So namentlich in einem sächsischen Kinderliede: Kratzewötz wôr uch dô,
 Höppentöpp kûm uch nô (nach).
s. kratzewötz. Unserm Worte sehr nahe verwandt ist das aachn. Hôbedepöp, von hôpen, sächs. hâppen, hüpfen, hinken, welches einen hinkenden, und Happentrapp, welches einen schwerfälligen Menschen bedeutet. Der Zusammenhang der zweiten Worthälfte mit tappen liegt auf der Hand.
horrlen *v. n.* Kleinhandel, Trödelhandel treiben, kaudern, bair. hödeln, schweiz. hudeln, mit Getreide, besonders mit Dinkel handeln. Die Wurzel des Wortes liegt in dem d. Hudel, aachn. Hodel, Hoddel, Lappen, Lumpen, Fetzen, und begegnet uns auch in dem sächs. zehaddelt, zerlumpt. Durch den der sächs. Mundart nicht fremden Uebergang von d d in r r, welcher uns unter andern auch in der mit poddel wechselnden Wortform porrel m. Pfütze, Pfuhl, in einigen deutschen Mundarten Pfudel, Pfutel, wohl auch Pudel begegnet, ist aus hoddeln, horrlen geworden.
hûbes *m.* ein flacher, runder Kuchen. Ist der Teig dazu mit Milch, Butter und Eiern angemacht, so heisst er mär (mürber, mhd. mar, teuer) hûbes, und gehört besonders in einigen Gegenden zu den Lieblingsspeisen, und namentlich gelten der Schellenberger „hûbes" das Heltauer Kraut, und der Bogeschdorfer Wein als die drei sächsischen Leckerbissen. Aus keinem andern Grunde wird auch eine mehr stritzelartige Form dieses Backwerkes „Schnapphûbes" genannt, unstreitig, weil er zum Naschwerk, sächs. Schnopperes *n.* (vgl. aachn. schnuppe, naschen, verschnuppen, vernaschen, Schnupperei, Nascherei, Leckerbissen, hd. Schnuppern u. s. w.) gehört. Wird bloss Wasser dazu genommen, so heisst er Wasserhûbes, oder Möllnerhûbes. Den letzten Namen führt dieses sehr feste und unverdauliche Gebäck wohl als periodische Ehrengabe der Müller an den Mühlherrn, deren auch rheinische Weisthümer erwähnen. J. Grimm d. Weisth. 2. 144. Schärrhûbes wird der aus dem zusammengescharrten Brotteige, dem Scharricht, westerw. Schär, gebackene Kuchen, der Aschenkuchen, genannt; Schärrhûbesken heisst im Volke das jüngste, schon im Alter gezeugte Kind, d. das Quakelchen, bair. das Zusammengescharret.
Kneisthûbes *m.* wird der Teig, der sich bei dem Kneten zwischen den Fingern abreibt, *fig.* ein Schmutzhammel genannt, von Kneist, der Schmutz, der sich an der Haut ansetzt, aachn. Kniess, Kneiss,

die zähe Feuchtigkeit in den Augenwinkeln, auch Fett oder Schimmel an andern Dingen, schwäb. Knuscht, Schmutz u. s. w. alle von dem mhd. gniten, reiben. Unstreitig gehört das Wort hûbes mit dem schweiz. Habich, Habbich der Kuchen, Hâbi, die mit Sauerteig durchwirkte Teigmasse in die Reihe der von heben gähren, Hebel, Sauerteig, gebildeten Wörter, und die früher versuchte Erklärung durch hoher Bissen (sächs. hûh Bässen) sieht wohl mehr einem Scherze, als einer wissenschaftlichen Ableitung ähnlich.

hummer s. gehümmert.

J.

jômer \
jômern } s. gômern.

iwelgéljen s. léljekomvâltchen.

K.

kâbosch *m.* der Unflath des Rindviches, der Kuhfladen, Kuhpladder, Kuhmist, schweiz. der Kuhdast, Kuhdoosch, die Kuhteische. Von Kuh sächs. Kâ und Batzen, ns. Bâtz, Gebätz, klebrige Materie, daher dann Leimbatzen, Rotzbatzen u. s. w. Dieselbe Wurzel hat das sächs. batscheln *v. n.* 1. mit einem weichen Körper unreinlich umgehen, talken, etwas Weiches drücken, kneten, südd. batzen, in Schmierigem herumgreifen 2. hudeln, pfuschern, südd. batschen, lappen, flicken, bâscheln, pfuschen, bäscheln, bâsteln, kleine, nicht anstrengende Arbeit verrichten, nicht förmlich erlernte Arbeit treiben.

kackelbrâdig *adi.* gebrechlich, schwächlich. An einen Zusammenhang des seltsamen Wortes mit dem siebenbürgischen Flussnamen Kockel und brütig sächs. brâdig ist natürlich nicht zu denken. Die zweite Hälfte desselben wurzelt offenbar in dem mhd. Bröde, Brödekeit, Schwäche, Schwachheit (Christus litt nach einem alten Gedichte in der Menschheit den Tod durch „unsere Brödekeit") und entspricht daher dem mhd. brôdic schwach. Die erste schliesst sich am natürlichsten an das mit gaukelu zusammengehörige kockeln umstürzen, kopfüber fallen, Kockelbotsch der Purzelbaum, Kockelmännche, das Purzel- oder Gaukelmännchen. So heisst auch das jüngste, häufig durch Verziehung schwächliche Kind in einigen Gegenden von Deutschland das Kakelnestchen oder Nestquakelchen. Kackelbrâdig ist daher, wer so schwächlich ist, dass er gaukelt.

kaddern *v. n.* öfters mit der Reinigung von Wäsche zu thun haben ns. kodden, koddeln, kodewaschen, das Leinezeug in der Eile und obenhin waschen, und stammt von dem mhd. Kadel, Unreinigkeit, Kat, Koth, dessen Verkleinerungsform uns in dem sächs. Kättel *m.* der Pferdekoth, Pferdeapfel, Rossapfel, aach. Kötel, harter, zusammengedrungener Koth von Menschen und Thieren, begegnet.

kâerâ *f.* s. gehâ.

kaier *m.* der zum Spinnen bestimmte und um den Rockenstock gewundene Bund Hanf, Flachs, Wolle u. s. w. hd. der Rocken, die Rupfe, henneb. der Kaute, schwäb. der Kauder, Kuder von dem mhd. Kuder, stupa, tomentum, floccus, bair. Kuder, Werg. In unserem Worte haben wir ein weiteres Beispiel der in niedersächsischen Mundarten häufigen Ausstossung des inlautenden d, s. Flûr.

kaiku *m.* s. Kåken.

kaimes *n.* das Taufmahl, Kindstaufmahl, der Taufschmaus, Kindstaufschmaus, bair. das Kindsmues. Unstreitig eine zusammenziehende Verstümmelung des letzten Wortes, wofür auch sächsische Formen Kaingd, Kängd, Kind sprechen.

kajölles *m.* in Redeformen wie: ein rechter, nur so ein Kajölles u. s. w. Wahrscheinlich haben wir das Wort, wie auch dessen mundartliche Nebenformen Kagölles, Kogölles vermuthen lassen, mit dem ns. Käkel, Käkeler, ein plauderhafter Zänker („dat ist een rechter Käkler") in Verbindung zu bringen, und an gacken, gackeln, dummes Zeug plaudern, zu schliessen. So wird denn dessen Grundbedeutung sein: ein Mensch, der viel redet und wenig handelt, ein feiger Plauderer.

kåken *v. n.* gaffen, mit offenem Maule anstaunen, glotzen, wie dumme Menschen zu thun pflegen, ns. kaken, daher denn auch die Augen scherzweise Kocken, trier. Keiken pl. genannt werden, und der Gaffer, Glotzer, Maulaffe Kaiku, Kåku, Kåko *m.* (vergleichungsweise Kåko vun der Wîla d. i. aus dem sächsischen Dorfe Weilau) heisst.

kalefakter *m.* scheltweise Benennung eines Müssiggängers und fuchsschwänzenden Zuträgers, gehört in die Zahl der aus der Schule in das Volk übertragenen Wörter. In derselben Bedeutung wird der Fremdname Calefactor des in Klöstern wohl auch zu andern niedrigen Diensten gebrauchten Ofenheizers in Baiern gebraucht, mit dem davon gebildeten Kalfaktern und Kalfakterei. In Oesterreich unter der Enns wird ein Mensch, der nirgends zu Hause ist, und ein Mensch, der mit jedem Fremden läuft, Kalfakter, in Tirol ein schmuzziger Mensch so genannt.

kalwerburg *f.* heisst an einigen Orten derjenige Theil der Emporkirche oder des Lettners (sächs. glåter, gelåter, im Burzenlande latorjel *f.* von lectorium, der erhöhte Platz zum Vorlesen in der Kirche), wo die jüngsten Burschen, nachdem sie confirmirt worden, und aus der Schule getreten sind, sitzen. Der Muthwille der Jugend in der Kirche ist überall bekannt:

Die Buab'n a da Puarkirch da ob'n,
Deass'n bäurische Limmel, dö grob'n
Treib' niks ass G'schpass

sagt ein Tiroler Lied bei Firmenich a. a. O. 3. 373. Wir haben daher die Kalwerburg als denjenigen erhöhten Platz in der Kirche zu erklären, wo die der Ruthe entwachsenen und in die Reihe der Grossen eingetretenen Burschen kälbern (sächs. kalwern) d. i. ihre

Kälberpossen treiben. Wegen ihres Muthwillens werden die jungen Burschen am Niederrheine Kälber genannt, und aus keinem andern Grunde heissen in Heltau die eben aus der Schule getretenen Jungen „spiechte" gangen. Der Anschluss dieses Wortes an Specht (sächs. spiecht, spécht,) wäre sehr gezwungen, die Zusammenstellung mit dem ns. Spucht, abgezehrte Person, spåg, schmächtig, ohne Berechtigung, die Ableitung von dem mhd. spechen. bair. spechten, sprechen, lärmen, und die Verwandtschaft mit den davon stammenden Wörtern: der Specht, das Spechen, das Singen der Vögel, der Spächter, der Prahler u. s. w. lässt sich dagegen sehr gut vertheidigen. Es sind die spechtenden (sächs. würde es heissen de spiechtä') Jungen, aus denen im Volksmunde Spechtjungen geworden sind. Anderwärts führen die Burschen und Mädchen im ersten Jahre nach der Confirmation die Namen Klôzkniecht, und Klôzmêd, nicht etwa wegen ihrer plumpen Manieren, sondern weil sie die letzten in der Reihe der Burschen und Dirnen sind. So wird auch in Baiern der Knabe, der zuletzt in die Schule kommt, Klotzmichel, in Halberstadt das Mädchen, welches beim Wettrennen am dritten Pfingsttage zuletzt kommt, Klotzmarie, und im Sachsenlande ein Mann, der überall zu spät kommt, Klôzmân genannt, nur dass in Klôzkniecht und Klôzmêd auch die leiseste Spur eines Spottes ganz verwischt ist.

kalwerbutzig *adi.* wird von dem Himmel gesagt, wenn er mit Lämmerwolken besetzt ist. In dem Frankenland heisst der Butzen ein dichtes, trübes Gewölk, von Butz, Spitze, Klumpen. In der ersten Worthälfte scheint Kalb, welches im weitern Sinne ein Junges von mehreren Thieren bedeutet, in der veralteten Bedeutung von Lamm, bair. Kilben zu stehen. So heisst auch in Tirol das weibliche Lamm Kilper, Frommann a. a. O. 3. 331.

kalwskröpeln s. kröpel.

kampest *m.* der Kopfkohl, Hauptkohl, das Kapiskraut, Weisskraut. Durch die Vergleichung des bair. Gumpost, altbair. Kumpes, Kumpost, aach. Kompes eingemachtes Sauerkraut, über deren Zusammenhang mit dem lat. compositum wir uns nicht zu entscheiden getrauen, entfällt der Gedanke einer Abstammung von dem ungr. Kaposta.

kampelönk *f.* an andern Orten auch Kampelît, die Charfreitagsvesper, wo auf vielen Dörfern den Knaben Himmelbrot ausgetheilt wird, von dem lat. completa, mhd. Komplet die letzte canonische Stunde des Tages.

karchen *n.* der Kasten, Verkleinerungsform des mhd. Kar, Gefäss, Geschirr. So heisst bair. Kar ein hölzernes Hohlgefäss, Fischkar, Fischkorb, Beikar, Bienenkorb u. s. w.

kåtsch *m.* Spottname der Zigeuner. Zu weit liegt das engl. catch der Henker, viel näher dagegen die Vergleichung mit dem schweiz. Gåtsch, Koth, Unrath, und dem aachn. Kusch, Schwein, Schweinigel, welche mit dem franz. cochon, coche zusammengehören.

kättel *m.* s. kaddern.

kattner s. kottötzken.

kâzerlich *adv.* in der Verbindung mit: lachen, weidlich, herzlich, unmässig, unstreitig, bedeutet der Ausdruck: so heftig lachen, dass man eine Neigung zum Husten oder Erbrechen bekommt, dass einem „kötzerlich" wird. Wir nehmen daher keinen Anstand, das Wort mit dem luxemb. Kâzer, der Husten, Kazereg, zum Husten gereizt, dem gemd. sich kotzen u. s. w. zusammenzustellen.

kêsobrût *n.* der Nachtisch, das Nachessen, das Dessert, — zur Erinnerung daran, dass vor Jahren dieses in Käse und Brot bestand. Vergl. K. Weinhold die deutschen Frauen im Mittelalter. Wien 1851. 8. S. 324. So wurde am Niederrhein denen, welche die Weingärten des Grundherrn brachen, Käse und Brot gereicht, am Johannistage empfingen die Kinder und jahrgedingten Knechte in Moselweis „das Keesessen". J. Grimm d. Weisth. 2. 450. 465. Auch im Sachsenlande wurde bei der Einfuhr des Fruchtzehntens den ihn Bringenden in der Pfarrscheune in der Regel Käse und Brot gereicht.

killen *v. n.* 1. glimmen, ohne Flamme glühen, aach. Köhle s. Kohle sächs. kületen. 2. zechen, unstreitig von dem glühenden Gesichte des Zechers entlehnter Ausdruck.

kîrşen *f.* ein sächsischer Frauenpelz, längst schon nur auf den Dörfern üblich, von dem mhd. Kursen, Kürschen, Kleidungsstück von Pelzwerk. Ob das Wort slavischen Ursprungs sei, wie Weinhold deutsche Frauen u. s. w. S. 448 vermuthet, ist eine nicht hieher gehörige Frage. Ist dieser Frauenpelz gemeiner Art, oder schon abgetragen, so wird er hie und da auch blâtz *m.* genannt, von dem mhd. Blez der Fleck, Flicken, Latz. Da nun dieses Wort auch den Blitz bedeutet, so erklärt sich daraus die Scherzfrage an Kürschner, wenn sie von einem Jahrmarkte heimkehren: Huot et geblätzt? (hat es geblitzt) d. s. habt Ihr viele Kürschen verkauft?

kint *f.* der enge Raum zwischen der Seite des Küchenofens, und der Wand, von dem mhd. künten, bair. kenden, anzünden, heizen, daher denn bair. das Kendlein, der kleine Wandherd oder Kamin in Bauernstuben, worauf zur Beleuchtung klein gespaltenes Kienholz gebrannt wird.

kintesch *m.* Name eines Frauenkleides, ungr. vigán, bair. der Kontusch, veraltete Art einer städtischen weiblichen, etwas über die Hüften reichenden Oberkleidung, franz. contouche.

kisselitzo *f.* die Pflaumensuppe, Zwetschkensuppe. Ohne das böhmische kyselice Obstmus, das russische kyseli säuerlicher Mehlbrei übersehen zu wollen, wird es doch gestattet sein, das Vorkommen des Wortes in Deutschland nachzuweisen. So wird mhd. Gisclitz durch Glycerium und polenta übersetzt; im Hausbuch des Colerus heisst eine Gallerte aus Ochsenfüssen u. dgl. Geisslutz, in Tirol wird ein Brei oder Mus aus Haber, welcher sauer und kalt genossen wird, der Geislitz, und in der Schweiz ein Hochzeitsgeschenk für die Braut,

wahrscheinlich, weil es in einer Speise dieses Namens bestanden haben mag, Gyselus, Gyselet genannt.
kîwerleng *n.* s. kiwwern.
kiwwern *v. n.* stören, stöbern, schüren, reizen, aufreizen, von dem mhd. Kip der Eifer, Drang, queben, erqueben, aufregen, kobern, eifrig verfolgen. Dieselbe Wurzel hat wohl auch das sächsische kîwerleng *m.* Zank, Streit.
klaft *f.* 1. die Feuerzange, schwäb. Kluft, mhd. kluf, kluft, forceps, von klieben, ns. klöven, spalten, 2. pl. Klüft der Schindelstamm, Schindelblock. In gleicher Weise wurzelt das sächs. klucks *f.* das Fangeisen, Falleisen, *fig.* die Enge, Klemme in dem mhd. Klak, Spalt.
kläng *f.* der Heuhaufen, Heuschober, Heufehm, Heudiemen ist das mhd. klunge, glomus, globus, bair. Klingle. Ob nach der Vermuthung Einiger von der glockenförmigen Gestalt, und daher zu klingen gehörig?
klôber s. klibbedunzig.
klibbedunzig *adi.* kleinwinzig, ganz klein. Die erste Hälfte stammt von dem mhd. Kleber (sächs. Klêber) schmächtig, bair. Klebe; die zweite ist in dem bair. däntschig niedlich, artig (von kleinen Kindern) schott. a dandié erkennbar.
klöttesch *m.* ungefähr so viel als Wicht z. B. en orm klöttesch, ein armer Wicht u. s. w. Die Grundbedeutung des Wortes aber ist die der Unbehülflichkeit und Schwerfälligkeit. Die entsprechenden deutschen Ausdrücke dafür sind also Talk, Klotz u. s. w., schweiz. heisst Klöti der Grobian, ns. Klätje eine vierschrötige, plumpe Dirne, aachn. Klust, (holst. Klöte) der Tölpel, und dient als Spottname der Kölner. Dass alle diese Wörter, und das sächs. klötteşig, plump, unbehülflich, klotzig, ns. kluttig zu Klotz, ns. Klute gehören, ist klar.
klotteşig *adi.* s. Klöttesch.
klôzkniecht, klôzmêd s. kalwerburg.
klucks *f.* s. klaft.
knåckschwarz *adi.* kohlschwarz, pechschwarz, beinschwarz, knochenschwarz, von Knochen ns. Knaken nach der Analogie von dem ns. knaken-dröge, knochendürr u. s. w. gebildet.
kneist, kneisthûbes s. hûbes.
kniecht *m.* 1. der unverheirathete Bauernbursche, Junggeselle, in welcher Bedeutung das Wort auch in Baiern und der Schweiz vorkommt, mhd. Knecht, Kind männlichen Geschlechtes, unverheiratheter Bursche, 2. der Diener, Dienstknecht. — Die weitere Entwickelung der gesellschaftlichen Stellung und Befugnisse der Burschen auf den Dörfern gehört nicht hieher. So bilden sie z. B. eine Bruderschaft, an deren Spitze der Altknecht (sächs. Aâltkniecht) — in niederrheinischen Weisthümern ein „König" — steht, haben in der Emporkirche eine eigene Gallerie, das „Kniechtegläter" (s. kalwerburg) u. s. w. In der Zusammensetzung Wöttkniecht *m.* der Hage-

stolz erscheint das in der ersten Worthälfte dentlich erkennbare Wittwe, mhd. Witewe in seiner ursprünglichen Bedeutung von coelebs, daher denn auch in alter Zeit nicht nur die ihres Gatten beraubte Frau, sondern auch das ledige Mädchen Witewe genannt wurde.

kniechteglåter s. kniecht.
kocken s. kåken.
kokesch *m.* der Hahn, *fig.* ein Mensch, der nach Hahnenart leicht aufbraust und zornig wird. Gehört mit dem schwäb. Gökker, Gukkeler, schl. Gocksch, dem d. gacken u. s. w. zu den onomatopoetischen Wortbildungen und begegnet uns daher in Formen wie gr. κοκκύζω krähen, ungr. kokos, român. Kokoschu u. s. w. auch in fremden Sprachen. Von kokesch ist gebildet köckeṣig *adi.* aufbrausend, empfindlich, reizbar, hoffärtig, und kockeschbliet *n.* das letzte Blatt der Fibel, auf welchem früher gewöhnlich ein Hahn abgebildet war, daher in einem sächsischen Gedichte:
— Vum klönen a, b, c,
Spränjt nömmest glöch zem kokesch,
wörtlich: vom kleinen a, b, c springt niemand gleich zum Hahne, d. h. man kommt vom Anfange nicht so schnell und ohne Mühen zum Ende. So sagt man auch von einem Menschen, der seinem Ende nahe ist, er sei auf dem „kockeschbliet."

kockeschbliet s. kockesch.
kôckeṣiġ s. kockesch.
kockt s. kottern.
köll *f.* die Grube, das Grab, daher in einigen Gegenden der Todtengräber Köllegrâwer genannt wird. Von dem mhd. Kule, Loch, Grab, ns. Kule, holl. Kuil, aachn. Kull u. s. w.

komprewåltscheu s. kumpern.
kort *n.* die Zigeunerhütte, schliesst sich an das mhd. Kart eingeschlossener Ort, goth. Gards Haus und mit diesen an die weitverzweigte Wortreihe von χορθός, hortus, Garten u. s. w.

kotteråsen *v. n.* s. kottern.
kottern *v. n.* mit der Nebenform kotteråsen *v. n.* eifrig suchen, stöbern, wühlen. Wurzelt in dem d. kutten, graben, durchsuchen. Das dazu gehörige ns. Kaute, Grube, Loch, kommt in der Form Kockt *f.* auch in zusammengesetzten sächsischen Flurnamen vor.

kottötzken *n.* eine kleine Hütte, die Kothe, das Koth; der Stall; scherzweise: das Gefängniss. Zu dem mhd. Kot, engl. Cottage (spr. cotteetsch) Bauernhaus, gehörig. So auffällig auch die Verwandtschaft des sächsischen Wortes: Kattner *m.* der Soldat mit dem gleichbedeutenden ungr. Katona ist, so bleibt es doch erlaubt zu fragen, ob nicht bei der Erklärung jenes Wortes auch die von dem mhd. Kot, ns. Kote stammenden mundartlichen Wörter; Kötener, Kaddener, holst. Käthener, Besitzer, Eigenthümer einer Bauernhütte zu berücksichtigen seien. Wie nach dem deutschen Kolonialrechte des Mittelalters die Schuldigkeit zur Heeresfolge auch bei den Sachsen in Siebenbürgen an den Besitz von Haus und Hof gebunden war, so ist das Grundeigenthum in der Regel auch ein verlässliches Zeichen von Tüchtigkeit seines Besitzers. In der That bedeutet das sächs. Kattner nicht nur den Soldaten, sondern wird auch als ehrende Bezeichnung eines Menschen gebraucht, dessen leibliche oder geistige Tüchtigkeit sich in seinen Leistungen und ihrem Erfolge bewährt. In demselben Sinne wird auch das davon gebildete Beiwort: kattneresch, kattner'sch angewandt.

krakêl s. kricklich.
krâm f. s. krôm.
krêpel m. s. kröpel.
kricklich adi. wunderlich, verdriesslich, launisch, westerw. krittlich, aachn. krotlich, krittlich, auch gemeind. grickelich, krickelich; wurzelt wohl mit Krakeel, Zank, Streit in dem mhd. krageln krächzen, lärmen.

kridden v. r. sich bekümmern, Sorgen machen, besorgt sein, wechselnd mit dem gleichbedeutenden: bekridden v. r. mit den davon abgeleiteten Hauptwörtern: Kriddnes, Bekriddnes f. Kummer, Betrübniss, Trübsal, und den Beiwörtern kriddlich, kröddlich, kümmerlich, kläglich. Die Analogien sind in dem bair. sich gräten, ns. sik kriddeln, dem in niederrheinischen Weisthümern vorkommenden kruden („sy enhaveu sich umss gnedigen Herren gedingens nye gekrudt, und krudden sich ouch noch damit nit.") Lacomblet Archiv für die Geschichte des Niederrheins. Düsseldorf 1831 ff. B. 3. H. 2. N. 233. In Trier ist Kriddeleischen die Schelte einer Person, die über alles verdriesslich wird. Die Wurzel dieser Wortreihe liegt in dem mhd. Krat, Beschwerniss.

kriddlig s. kridden.
kriddnes s. kridden.
krippes s. krippesnäsig.
krippesnäser s. krippesnäsig.
krippesnäsig adi. launenhaft, grillenhaft, empfindlich, kricklich, mit dem davon gebildeten Hauptwort krippesnäser m. ns. Kribkop, nach Frommann a. a. O. 2. 303. von kribben jucken, fig. ärgern, wofür allerdings das ns. Idt kribbelt mir in der Nase, es juckt mich in der Nase und dat kribbelt mir im Kopp, davon wird mir der Kopf warm, und das ns. kribbsk und Kribbelskops adi. kurz angebunden, empfindlich, spricht nicht etwa von Krebs, sächs. Krippes m. und niesen, also: wer die Krebse niesen hört, sondern aller Wahrscheinlichkeit nach von dem sächs. krippen v. a. kräuseln, krausen, mhd. krapfen, bair. kraupen, und nuos f. Nase, in zusammengesetzten Beiwörtern näsig z. B. langnäsig, langnasig u. s. w., also: wer die Nase über Alles rümpft. Für diese Ableitung spricht auch der sächsische Ausdruck: die Nase über etwas kraus machen. Dass die Volksredensart: de Krippes näsen hüren d. i. die Krebse niesen hören, womit ein sehr empfindlicher Mensch bezeichnet wird, ihren Ursprung dem Anschluss der missverstandenen ersten Wort-

hälfte an Krebs dankt, braucht kaum bemerkt zu werden. Ob nicht eine ähnliche Umdeutung von krippsk auch in dem sächsischen Ausrufe der Verwunderung über etwas, was ganz unvermuthet kommt und daher unser Empfinden berührt: „o krippes!" angenommen werden darf? An die Volkserzählung dabei zu denken, nach welcher die Schwaben, als sie zuerst einen Krebs gesehen, über dessen Gestalt und Gang so erstaunt waren, dass sie sich bei des Schneiders Erklärung, das Thier sei entweder ein Hirsch oder eine Taube, nicht beruhigten, sondern Geschütz aufführten, und das Thier von ferne erschossen, vgl. J. Scheible das Schaltjahr, Stuttgart 1846 ff. 8. B. 2. S. 132, wäre wohl gar zu gesucht. War übrigens schon der Krebs in jenen Ausdruck gekommen, so war auch dem Beisatze — äm Schiewes, d. i. im Schewisbache, Thor und Thüre geöffnet.

Krôkes *m.* mit der Verkleinerungsform krókesken *n.* der Haken mhd. die Kracke, holl. Kroke. Hochdeutsch wird ein gekrümmtes, hakenförmiges Werkzeug eine Krücke genannt, nach Schwenck von einem verloren gegangenen kracken, krümmen.

Krôm *m.* das Wochenbett, hie und da auch die spanische Wand am Wochenbett, ns. der Kraam, holl. Kramen, Kramm; aachn. krome, niederkommen, gebären. Nicht von den Geschenken, welche der Wöchnerin gemacht werden, so genannt, und an Kraam u. s. w. zu schliessen. Nach einer andern Ansicht wäre das Wort von Kradem Lärm, geschäftige Unruhe abzuleiten, daher denn auch der „Kramherr" (Kindesvater) von der Kindbetterinn euphemistisch sage, sie sei „in der Unraue" Frommann a. a. O. B. 4. 271. Wir glauben, dass die wahre Wurzel des Wortes in dem mhd. krimmen, jammern, d. grimmen, wüthende Schmerzen haben, zu suchen sei, und stellen es daher mit dem ns. karmen, kermen, ächzen, kreissen zusammen. Nach einer ganz einfachen Ideenverbindung wird wohl auch das sächsische **Krâm** *f.* die Muttersau, das Mutterschwein *fig.* eine schmuzzige Person, ein Sauleder, das uns in der Form Kriem auch am Niederrheine begegnet („Kriemen und beren (Eber) in den Ecker zu treiben") Lacomblet a. a. O. B. 3. H. 2. S. 212 gehören. Es ist das gebärende, nicht das wühlende Thier, wie Haltrich zur deutschen Thiersage a. a. O. S. 57. annimmt, indem er das Wort von dem altd. krimphen, schrumpfen, krümmen herleitet.

Krôpel *f.* die Haft, das Haftlein, die Häftel, Verkleinerungsform von Krôpen *m.* die Thürangel, der Thürhaken, schweiz. der Krapfen, ein hölzerner Haken, das aufgeschichtete Holz zusammen zu halten. Von dem mhd. krüpfen, ns. kroppen, krümmen, und daher mundartliche Formen des d. Kropf, welches eine Krümme, einen Haken, dann einen Höcker, den hervorragenden Vormagen am Halse der Vögel, und endlich eine verhärtete Geschwulst an den Halsdrüsen bedeutet. So erklären sich auch die sächsischen Wörter: Kröpel *m.* der Falke, und: kalwskröpeln pl. die weichen und saftigen Drüsen am Halse der Kälber, das Bröschen, die Kalbsmilch.

So heisst auch holst. eine Taubenart mit grossem Kropfe Kröppers, Kropftaube.

krôpen s. kröpel.

Krutz *m.* Name der Rottirer gegen das Haus Oesterreich, welche zu Anfang des achtzehnten Jahrhundertes unter Franz Rakozi einen gefährlichen und verheerenden Aufstand erregten, ungr. kurutz, cruce signati, cruciati, wie die unter Wladislaus II. zu einem Kreuzzuge aufgebotenen Bauern, welche dann aber über den Adel herfielen und sengten und mordeten; 2. ein böser, schlimmer Mensch. Wir wollen gegen die herkömmliche Erklärung des Wortes um so weniger etwas einwenden, als auch der Name des Prätendenten Rakozi im Volke zur Bezeichnung eines boshaften Menschen dient. Dadurch wird aber die Anführung des ns. Krutch, Krûte, Krote (Krote), böser Mensch nicht ausgeschlossen.

Mein Nachbar Seiner heisst Schambedicht,
Hat in der Stadt e Premia erwischt,
Und dar, wie soll eich sagen, e wunzig klaaner Krotz
Stat in der krischtlich Lehr weit hinter Mei'm gesatze.

heisst es in einem Gedichte in Münchner Mundart bei Firmenich a. a. O. 2. 54.

kûfen *v. n.* sich trauen lassen, daher denn auch die Trauung — an einigen Orten die Brautwerbung — diesen Namen führt; das mhd. koufen heirathen, auch gemeind. sich eine Frau kaufen, mit Beziehung auf den Brautkauf, d. i. die Ablösung der Braut aus der angebornen Mundschaft, als Bedingung des rechtmässigen Eintrittes in das Geschlecht, und den Schutz des Bräutigams. In der ältesten Zeit war es ein wirkliches Erkaufen, wie dieses auch das uralte Recht des Mannes, seine Frau als gekauftes Besitzthum, zu verkaufen, beweist. K. Weinhold die deutschen Frauen a. a. O. 309.

kumpern *v. n.* Kleinhandel treiben, kleinhandeln, schachern, täuscheln; mhd. verkumbern, bair. verkümmern, durch Vertauschen, Verkaufen, Versetzen in die Gewalt eines Andern geben. Die Wurzel liegt nicht etwa in comparare, oder cambire, sondern in dem mhd. Kumber, Beschlag, Festhaltung, kumbern festnehmen, ns. bekümmern, pfänden. Gleichen Ursprungs ist auch das seltenere komprewältschen, dessen zweite Hälfte mit feilschen mhd. veilsen zusammenhängt.

knopig s. böllesch.
knores s. muoser.

L.

lâ *f.* s. lâesch.

labeet *n.* Name eines Kartenspieles; bair. Labet, der Verlust im Kartenspiele, von dem französischen Ausdrucke faire la bête, ital. far la bestia (wörtlich: ein albernes Thier machen) bair. labeten das Spiel verlieren.

lächen *v. a.* gewaschene Wäsche durch reines kaltes Wasser ziehen, um sie vollends von der Seife zu reinigen, ausspülen, ausschwenken, mhd. lähen, zu dem altd. lachjan, wässern gehörig, und mit Lache u. s. w. verwandt.

lächern *v. a.* mit dem Stemmeisen ein Loch in ein Holz machen, stämmen, ausstemmen, bair. lachen, lacken, einen Einschnitt in einen Baum machen, schweiz. Loog der Einschnitt an einem Baume, in welchen ein anderes Stück eingesägt wird — alle in Loch wurzelnd.

läesch *adi.* gemein, pöbelhaft, schmutzig. Die Anknüpfung des Wortes an das sächsische lâ graue, schneidbare Erde, Thon, Schlamm, der Kleg, bair. der Loh oder Lohen, eine sumpfige Stelle im Boden mhd. Lohe, holst. Lo, Loo, erschöpft den Sinn nicht; wohl aber mag dieses Wort bei der Abgrenzung seines Gebrauches mitgewirkt haben. Dasselbe ist auch mit der sächsischen Benennung einer grossen und faulen Dirne loi *f.* der Fall, welche mit dem holst. loje, holl. loi, ns. loj, träge, faul, aachn. lai schwächlich, unkräftig zu dem mhd. lärwe, träge und dem darin wurzelnden hochd. lau gehört. Wir zweifeln nicht daran, dass unser Wort mundartliche Form des mhd. leeisch, leegisch, von Leige, Leie, laicus, ein Weltlicher, Ungelehrter ist, und darin eine Erinnerung an Zeiten fortlebt, wo sich Kenntnisse fast ausschliessend in dem Besitze des geistlichen Standes befanden, und das Bild eines unwissenden, gemeinen Menschen mit jenem eines Weltlichen zusammenfloss. So treffen wir auch das Wort latenjesch, lateinisch in dem bekannten sächsischen Volkssprucke: Wat frögt de Sâ nô latenjeschem Lâwend. (Was fragt die Sau nach lateinischer Brühe?) in dem Sinne von vornehm. Der Sau gehören nicht Muscaten, was kümmert sich nicht um köstliche Salben, sagt man anderwärts.

lakesch *m.* ein Spottname, der in einigen Gegenden des Sachsenlandes besonders den Bewohnern des gewerbfleissigen Marktes Agnetheln gegeben wird. Der Form nach liegt das ns. Laks, Läks, Bengel, Schlingel, Tölpel so nahe, dass es nicht übergangen werden darf. Auch ist der Zusammenhang dieser Wörter mit dem lat. laicus ganz wahrscheinlich, sobald wir uns des vornehmen Stolzes erinnern, mit welchem ehemals Geistliche auf die ungelehrten Laien herabzusehen gewohnt waren. Mit dem Charakter der Agnethler aber, die nichts weniger als plump, und albern, sondern durch ihren treffenden Mutterwitz und ihre Gewandtheit als Mäkler und Krämer weithin bekannt sind, stimmt jene Zusammenstellung durchaus nicht. Es wird also wohl erlaubt sein, bei der Beleuchtung des dunkeln Wortes namentlich auch das mhd. Lak Gebrechen, und das davon gebildete laken, tadeln (Gebrechen, Fehler finden) lakschauen mit tadelsüchtigen Augen beschauen u. s. w. zu vergleichen. Dagegen aber hängt allerdings das sächs. lakoien, müssig herumschlendern, sowie das ns. lakes vielleicht auch, mit lack träge, südd. Lacket, ein nachlässiger Mensch, lackeln müssig gehen u. s. w. zusammen.

lakoien *v. n.* s. lakesch.

lâm *f.* ein durch die Eisdecke eines Flusses oder Teiches zum Fischfange u. s. w. gehauenes Loch, die Wuhne, schweiz. die Lamb, Lamm, enger Durchgang eines Flusses, grosse Tiefe, Wasserkluft, bair. die Lam, Name einer Erzgrube im bairischen Walde. Schmeller vergleicht damit das böhm. lámati brechen; noch näher vielleicht liegt das altlongobardische lama, piscina.

lândeln *v. n.* schläfrig ruhen, gehen, arbeiten, schlaftrunken herumtaumeln, bair. launen, launeln, schlummern, schwäb. laundlen, ländlen, sich hinstrecken, träge stehen, sitzen, liegen, mhd. Lunz die Schläfrigkeit.

läppwurzel *f.* der weisse Germer, veratrum album Linn., von dem mhd. Luppe Gift, luppen vergiften, daher denn das mhd. Luppewurz aconitum.

latenjesch s. låesch.

latorgel *f.* s. Kalwerburg.

latzen *v. n.* lügen, aufschneiden, schweiz. laitschen, mhd. lizen, erdichten. Durch scherzhafte Vermengung mit Latte, sächs. Latz *f.* werden vom Volkswitze Lügen auch Latznägel genannt.

låwend *n.* die Suppe, Brühe *fig.* fades, langweiliges Geschwätz, von dem mhd. law, schweiz. lab, bair. låw, lau, mhd. lawen, lau werden.

leister *f.* die Singdrossel, Sangdrossel, aachn. Liester, holl. lyster. Die Wurzel liegt in dem mhd. List, Kunst, Fertigkeit, davon Sanglist, künstlicher Gesang und Lister der Künstler. Von Leister und Kå *f.* Laub- oder Bretterhütte, namentlich die mit Brettern umschlagene Hütte der Weinhüter, die Kaue, ist das Wort leistrekå *f.* Hütte zum Drosselfang, Vogelhütte, gebildet.

leistrekå *f.* s. leister.

léljekomvåltchen *n.* das Maiglöckchen, Maiblümchen, convallaria maialis Linn., ns. Lilienconfalchen. Aus lilium · convallium in ähnlicher Weise verderbt, wie Iwegéljen (im Altenburgischen Ihfegilgen) aus Evangelium.

létchef *n.* das Wein- oder Bierhaus, Wirthshaus, die Schenke, der Krug, bair. das Leithaus, schwäb. Lidhaus, nicht etwa von Leute (homines), sondern von dem mhd. Lit, Lith das geistige Getränk. Daher **létchewen** *v. n.* ausschenken, schenken, bair. verleitgeben; **létchewer** *m.* der Schenkwirth, Trinkwirth, Krüger, Schenk, bair. der Leitgeb, Leitgeber, schwäb. Lidgeb, mhd. Litgobe, tabernarius. Die Endsylbe nef ist, wie in Kirchef, Kirchhof aus Hof gekürzt. Das synonyme in einigen Gegenden übliche: schwêches *n.* wurzelt wohl nicht in schwächen, sächs. schwêchen und bedeutet daher nicht ein Haus, wo sich die Leute durch Trinken schwächen, sondern gehört zu dem mhd. swete, sweige, Landwirthschaftshof, Sennhof, Weideplatz; Sweigehof, Rinderhof, Sweighus vaccaritia, und wird daher wohl ursprünglich ein Einkehrhaus für Reisende bedeuten.

létcheven, letchewer s. letchef.

licht *adi.* schlecht im physischen und moralischen Sinne des Wortes, also: übel, mager, abgezehrt, schlimm, leichtfertig, lüderlich, schlecht u. s. w. Nach Form und Inhalt ist leicht vielfach damit verwandt; beide wurzeln in dem mhd. licht, was ohne Gewicht, oder ohne Werth ist, daher en lichte Vruwen (so auch sächs. en licht Frå) eine Hure, und Lichtegeit (sächs. lichteget) lockerer Lebenswandel, Schlechtigkeit. Als Analogien mögen hier stehen: bair. log schlecht, übel, böse, krank, und niedersächsische Ausdrücke wie: en lichte Dern, ein leichtfertiges Mädchen, en leges Muul (sächs. e' licht môl) ein loses, böses Maul, u. s. w.

lid *f.* die äussere, grüne Schale der Wallnuss, die Schlaue, Schlaube von dem mhd. Lid, das Verschliessende, der Deckel. Dagegen wurzelt das sächs. lidwig *adi.*, welches von Tuch oder Zeug gesagt wird, wenn es die Festigkeit verliert, mit dem bair. lideweich, geschmeidig, nicht steif, dem ns. ledeweck, was in seinen Gliederfugen nicht fest ist, in dem mhd. Lid, Lit, das Glied.

lidwig *adi.* s. lid.

limgökel s. schnappgökel.

lîtsch *f.* eine mit Brettern oder grünen Reisern bedeckte, an den Seiten gewöhnlich offene Hütte, im Sommer Getränke darin feil zu haben, etwa: Weinhütte, Schenkhütte, wahrscheinlich nicht aus Lithaus (s. létchef) entstellt, sondern mit dem luxemb. Lietsch, die Bretterhütte, besonders während der Messe, baraque de forée, dem mittellat. logia, dem holl. loods, engl. lodge, cabane, loge zu vergleichen.

lontesch *m.* Spottname eines plumpen und faulen Menschen, Lümmel, Faulenzer. So heisst ns. Lauterfant. holl. Lenterer ein langsamer Mensch, von lenteren, franz. laterner, träg und faul sein, schweiz. luntschen, schlumpen, den Faulen spielen, die Luntsch, Launtsch, eine Schlumpe, von dem mhd. luntschen, lantschen, träge und verdrossen nachschleppen.

lörgesch *m.* verächtliche Benennung eines lümmelhaften Menschen, ns. Lurjus, der Lümmel, von dem mhd. lurtsch, schwäb. lurk, träge, faul, mhd. lürtschen, schleppend gehen, lurken, schwer sprechen, lurzen, träge, verdrossen sein. Keine andere Wurzel hat auch das sächsische lurz, link, die Linke, mhd. lurz, westerw. lursch.

losch *f.* s. beloschen.

losleng *f*, die Kotze, eine ungewalkte, zottige Wolldecke, von dem mhd. Lode, grobes Wollenzeug, grobes Tuch, Lod, Zotten, in der Verkleinerungsform Lodelein.

lotz *f.* ein einfältiger Mensch, der sich alles gefallen lässt, ein geduldiger Narr, südd. der Latsche, nachn. lôtz, Lötzer, bair. Latschi, von dem mhd. laz, matt, träge, lass. Dieselbe Wurzel lebt in dem sächs. luos *adi.* müde, erschöpft, todt mit den davon gebildeten Ausdrücken: luos mâchen, tödten, todmüde machen, luos gôn, verrecken u. s. w. fort.

lousebächel *m.* wer voller Läuse ist, wörtlich: ein Laushügel, Läusebühel. Nach einem ähnlichen Bilde heisst in der Schweiz die Vertiefung im Hinterhaupte des Menschen die Lausgrube, und in Schwaben der Haarbeutel, Lauskaserne u. s. w. Der Ausdruck Engel, welcher uns in dem ns. Lausengel, verlauster Kerl begegnet, ist der sächsischen Mundart in derartigen Verbindungen nicht ganz fremd. Ein Schmutzfink heisst im Volke Muor- oder Môrängel (von muor, môr, mhd. muor morast) und selbst das damit gleichbedeutende muorhönkeln *n.* dürfte wohl füglicher auf Engelein, als auf hönkeln Huhn zurückgeführt werden.

lûpeslôch *n.* wird in der Kindersprache hie und da das Zucht- oder Strafhaus genannt. In einer andern Bedeutung kommt das Wort in einem sächsischen Volksliede vor:

Kuck! kuck! kuck! vooter, liewt er nôch
ân irem âlde' lûpeslôch?

fragt das Waisenkind am Schlusse eines Klageliedes über den Tod seiner Mutter. J. Haltrich ist der Ansicht, es sei dabei vielleicht an den Winkel eines ärmlichen Hauses zu denken. Vgl. die Stiefmütter, die Stief- und Waisenkinder in der siebenbürgisch-sächsischen Volkssprache, Wien 1856. 8. S. 26. Wir glauben darin das mhd. Loubelach kleine Laube, Abtritt zu erkennen, und das Wort mit dem mhd. Loub, Laube, und dessen weiterer Bedeutung: Wohnung, bedeckter Ort in Zusammenhang setzen zu dürfen. Dafür spricht auch die im Sächsischen häufige Umlautung von au in û.

lurz *adi.* s. lörgesch.

M.

maksen *v. n.* laut weinen, weinen, eigentlich kläglich thun wie eine Katze, mauzen. Für diese Grundbedeutung sprechen die bair. maukez'n, schreien wie die Katze, kläglich schreien, der Maukzer, der Schrei der Katze, die Katze, und das sächs. mackskadder, der Schreisack, Schreihals, dem Wortsinne nach, ein Mensch, der soviel schreit, wie ein Kater. Nebenform von macksen ist mâzen.

mackskadder s. macksen.

mäddem *m.* der in Früchten entrichtete Zins für die Benüzzung eines fremden Ackers, welcher daher mäddemlând (mäddemland) heisst, in niederrheinischen Weissthümern Medumb, Medum, Meddern mit den dazu gehörigen Wortbildungen Medumbusch, Medumgarbe, Abgabe von Bodenerzeugnissen an den Grundherrn Grimm a. a. O. 2. 384. 458. 541. hd. das Hebekorn. Von dem mhd. mieten beschenken, belohnen, bezahlen, Miete, Gabe, Lohn, Preis.

mäddemlând s. mäddem.

mâdeln *v. n.* s. mâdrig.

mâdrig *adi.* in der Verbindung: mâdrig ställ, sehr still, bair. mauderig, schwäb. mauderig, mutterig kleinlaut, verdriesslich, kränklich, maudern, aus Verdruss gar nicht, oder nur brummend sprechen, stille, traurig sein. Die Wurzel liegt in der veralteten Bedeutung von meiden, sich enthalten, verborgen sein, mhd. miden, mîten, occultare, lacere, bei Kero und Nocker sich miten, sich schämen, wozu auch das ns. miden, schüchtern, furchtsam sein, gehört. Wir nehmen keinen Anstand, auch das sächsische mådeln, müssig herumgehen, in seiner Arbeit trändeln, mit dem davon gebildeten sich vermådeln, sich verirren, gemeind. sich vergehen, auf dieselbe Wurzel zurückzuführen.

mågeltschen *n.* ein Branntweinglas, in alten Glossarien Magel, triens quatuor cyathorum, magele, cyathus, und in altdeutschen Urkunden „ein silbern Makhöllin". In der Schweiz ist Magel ein hohes, oben weiteres Trinkglas ohne Füsse mhd. miol ein aus Birkenholz geschnittenes Trinkgefäss, ein Birkenmeier, was Adelung von meien schneiden ableitet.

måku *m.* als Spottname und Schelte eines dummen und willenlosen Menschen, gehört in die Wortreihe des engl. meek, weich, ns. Mak, Ruhe, Bequemlichkeit, maklik, träge, des hd. gemach, langsam, und des Eifler Make empfindsamer Mensch.

Sei klohgd ed môdd em Juhn (Jon)
Wie maakig könner (Kinder) thun,

Ph. Laven Gedichte in Trierischer Mundart. Trier 1858. 8. S. 76. So wird denn auch der sächsische grasnåku, grasnåk, d. i. der Griesgram, nichts anders sein, als der finster und mürrisch (sächs. grass) sehende måku. In der That heisst auch an der Eifel maken, ein finsteres Gesicht machen, und der Wechsel von m und n ist der Mundart nicht fremd. s. Neflötz.

mämm s. züdermämmchen.

mängelåchen *n.* das Osterei, unstreitig zunächst davon so genannt, dass diese Eier im Spiele der Kinder vertauscht werden; daher zu dem aachn. mengele, untereinandermischen, vertauschen, und dem mhd. mangäie Menger, Händler, mango gehörig. Das Spiel, wo die Ostereier mit den Spitzen angestossen werden, begegnet uns an dem ganzen Niederrhein, und wie es im Sachsenlande tschocken heisst, so führt es dort den Namen tocken. Gleichbedeutend, und dem sächsischen Worte noch viel näher ist das niederrheinische Schocken, anstossen.

mannsnum *m.* s. frånem.

markes *m.* s. murkes.

mår s. hübes.

måseln s. muoser.

måss s. mössig.

masleng *m.* s. muoser.

mäsch *f.* der Sperling, luxemb. Mosch, holl. Musch, aachn. Mösch. Musche ist oberdeutsche Benennung mehrerer kleiner Vögel. „Mäschen" im Kopfe haben entspricht dem südd. Tauben im Kopfe.

matzfotz *f.* Schelte eines zaghaften und weibischen Menschen. Die zweite Hälfte des auch andern Mundarten nicht fremden Wortes ist für sich klar. In der Bedeutung: einfältiger Mensch erscheint Matz auch in den deutschen Schelten Matztasche, Matzpumpe.

mâzen s. macksen.

meflötz s. neflötz.

mêschen *pl.* die Ringe am Baume, welche anzeigen, wieviel er in jedem Jahre gewachsen ist, Jahrringe, Jahrzirkel, Holzringe, von Masche, bair. Maschen, ns. Macke, in der allgemeinen Bedeutung eines Ringes, in welcher ehemals nicht nur die Glieder einer Kette, sondern auch die Ringe an einem Harnische u. s. w. Maschen genannt wurden.

mîrz *f.* dim. **mîrzken** *n.* als Getreidemass die Hälfte eines Viertels, und der achte Theil eines Kübels, sächs. Ramp. Als Mass treffen wir den Ausdruck Merzling auch am Rheine Vgl. Grimm deutsche Weissthümer 2. 26. Wir knüpfen das Wort an das mhd. murz curtus.

mockesch s. muckesch.

moi *adi.* häufig als Ausdruck der Verwunderung über die Schönheit von etwas in Redensarten wie: moi! moi! sehr schön, toche moi! wie schön (toche romän. wie), wie das kölnische mhü in dem Kinderliede von den drei Enten:

Do sääd de Frau Gösch
Zor Frau Tricktrackdrillendösch:
Mhü! wat hät de Frau Mösch
För en decke Fläsch! (Steiss)

Firmenich a. a. O. 1. 459. holl. mooi, ns. moje, westerw. moi schön, hübsch, fein, artig

Uet de fette Waisen (Wiesen) lächen Blummen,
Düsendfärwig mooi gemoolen on geformt

singt ein Klevner Lied bei Firmenich a. a. O. 1. 384.

Moi Hanne de geit aver Feld

ein ostfriesisches Lied das. 1. 16.

Wat zolgy (ihr) met de Koege (Kühen) doon,
Mooy Bernardin?

fragt das Mädchen in einem flandrischen Volksliede

't zal se melken
fiere (stolzes) mooy meysje.

Firmenich a. a. O. 1. 431. Und so wird denn das sächsische Wort moi, wenn es als Zuruf besonders an gemeine Romänen z. B. moi Petre! moi omule (Mensch, Mann) gebraucht wird, wohl mit Zurufswörtern wie bone, Lieber u. s. w. in eine und dieselbe Linie zu setzen sein. Für sich allein wird es aus dem eben angeführten Grunde dann und wann auch appellativ in der Bedeutung: Walache, Romäne gebraucht.

mölfeln *v. n.* s. muffeln.

mölöfen s. muorlef.

monjeln s. bonjeln.

mörlef Nebenform von muorlef, s. d. W.

mössig *adi.* 1. müssig, 2. gelt, unträchtig, nicht zur Begattung fähig, von der veralteten Bedeutung des d. müssig, mhd. muezzec, ledig. So sagt ein alter Spruch: Kriegsleute sollen der Weiber müssig gehen. In dieselbe Wortreihe gehört auch das sächs. mäss, welches man von einer Kuh sagt, die im zweiten Jahre nach dem Kalben noch Milch gibt, d. gelt, bair. galt, daher Galtberg, auf welchen solches Vieh zur Weide getrieben wird, ein Flurname, der auch im Sachsenlande in der Form Gâltberg nicht selten vorkommt. Das Kalb einer solchen Kuh heisst dann selbst ein mâsskîlw, und ihre Milch mâssmälch hd. die Altmilch: So heisst in der Schweiz mäss, nicht trächtig, und ein Kalb von ein bis zwei Jahren Mais, Meischi, und an der Eifel eine Kuh, welche während eines Jahres kein Kalb gebracht hat, Mas. Die Wurzel aller dieser Wörter ist das mhd. misse, fehlend, leer. Bei der Erklärung von mâss *adi.* schliefig, klitschig, von nicht ausgebacknem Brote, schwäb. mazzig ist vielleicht auch das mhd. Masc, schwäb. Mäs, Fleck nicht zu übersehen.

motschken s. muckesch.

muckesch *dim.* muckeschken *n.* das Kalb mit der mundartlichen Nebenform: mockesch, mockeschken. Wie das holst. Bukoh und das aachn. Mukouh, Kuh, von dem Blöcken hergenommen, so heisst in der Kindersprache auch das Lämmlein bâlämmchen, *n.* Als eine ähnliche onomatopoetische Wortbildung mag wohl auch das sächs. motschken *n.* das Füllen betrachtet werden. So heisst schwäb. motsche die Stute, die Kuh Mutschele, ein junges Pferd, bair. die Motschen, das Motschelen, das Kalb.

muffeln *v. n.* mit vollen Backen, oder auch mit wenigen, oder ganz zahnlosem Maule essen, vorne im Maule essen, dann überhaupt: essen, kauen bair. muffeln, mumffeln, aachn. mofeln, mit dem dazu gehörigen Mofel, ein starker, das Maul füllender Bissen. Der Zusammenhang mit Maul, sächs. möl *n.* ist in der mundartlichen Nebenform mölfeln unverkennbar angezeigt.

mûlterhûf s. mûterhuf.

mummer s. mummesch.

mummesch *m.* ein gespenstisches Wesen, mit welchem man die Kinder schreckt, d. der Mummel, Mummelmann, Mummhart, nach Schwenck und Grimm d. Myth. 443. mit dem Wort Mumme, Larve, vermummen u. s. w. nicht sowohl von der Verkleidung, als vielmehr von dem dumpfen, brummenden Laute, welchen das Gespenst von sich gibt. So. heisst auch der Bär in der sächsischen Mundart mummesch, während die abgeleitete Bedeutung der Maske in mummer *m.* maskirter Begleiter des Schneiderrössleins bei den flurlichen Umzügen der Schneiderzunft hervortritt. So sind wir auch sehr geneigt, den scherzweisen sächsischen Ausdruck äm ôm in der Galle aus ä môm in der Maske, in Verkleidung entstanden zu betrachten, und dabei nicht etwa an ein Hauptwort Ôm zu denken. So heisst ein verkleideter Büssender bei ehemaligen Charfreitagsprocessionen in Aachen der Momm, und eine von der gewöhnlichen abweichende Kleidung wird im Volke nicht selten maskura *f.* Maskerade genannt.

muolhûf s. mûterhûf.

muor *f.* s. lousebăchel.
muorängel s. lousebăchel.
muorhönkeln s. lousebăchel.
muorlcf *m.* ein der siebenbürgisch-sächsischen Mundart eigenthümliches Wort. Dass dabei an ein lebendes, männliches, und menschliches Wesen gedacht werden müsse, zeigt neben dem Geschlechte auch der Gebrauch desselben; dass sich darin ein Ueberrest der altdeutschen Morolfssage erhalten habe, ist von dem Verfasser in einer eigenen Abhandlung: Das Todaustragen und der Muorlcf, Hermannstadt 1861, aus Gründen, welche auch von deutschen Gelehrten anerkannt worden sind, nachgewiesen worden. Wenn bei der Erklärung des Wortes an Maulaffe oder an Mar und Alf gedacht worden ist, so kann nicht beigestimmt werden. Mit dem Maulaffen, sächs. mölôfen, von dem offuen Maule, welches den Blödsinn kennzeichnet, hat der Muorlcf nichts gemein. So erscheint dieser auch nirgends so geistlos, wie der Alf sächs. âlf im sächsischen Volke gedacht wird. Die Sage von Morolf begegnet uns in der Geschichte der deutschen Nationalliteratur in zwiefacher Auffassung — immer aber in Verbindung mit dem Könige Salomo. In dem sprichwörtlichen Gedichte erscheint Morolf oder Markolf als ein hässlicher Bauer mit einem ebenso hässlichen Weibe, welcher im Gespräche mit Salomo die volksmässige Weisheit gegenüber der ernsthaften, erhabenen, wenn man will, gelehrten Weisheit des Königs vertritt, und jeden Spruch desselben in Narrheit verkehrt. In dem epischen Gedichte ist Morolf ein jugendlicher Mann und Rathgeber Salomos, welcher dem Könige seine geraubte Gemahlin zweimal durch List und Tapferkeit zurückbringt. Unverkennbare Spuren der einen und der andern Sage leben in der Anwendung des sächsischen Wortes fort. Ausdrücke, wie: garstig wä der muorlcf, bûs, grôw u. s. w. wä der muorlef erinnern an den Bauer der sprichwörtlichen; Vergleichungen wie: fiffig, schnicl, geschäckt, prâw u. s. w. wä der muorlef an den Morolf der epischen Sage. Wenn endlich der Morolf der letztern Sage in den Worten:
  Schent her, eyn ezliche weht der wiut;
  Das foret Morolf des Düffels Sint
dem Teufel verglichen wird, so lebt diese Verwandtschaft auch in dem sächsischen Volke fort. Gehe zum „muorlcf"! hohl' dich der „muorlef!" er ist mit dem „muorlef" u. s. w. hören wir täglich, und es gibt wohl keine Redensart, in welcher der Teufel genannt wird, wo nicht an seine Stelle, zumal in mildernder oder scherzweiser Bezeichnung der muorlef gesetzt werden kann. — Wie die innere Aufeinanderbeziehung der verglichenen Namen, so ist überdies auch die phonetische Uebereinstimmung durch die sächsischen Familiennamen Adlef, Bertlef, Hidlef, welche aus Adolf, Bertolf, Hidolf entstanden sind, vollkommen gerechtfertigt. Gleichen Ursprunges mit muorlef ist endlich auch der mhd. Familienname Marleif.

muoser *m.* 1. der Soldat, 2. der Deutsche, im Gegensatze des siebenbürger Sachsen, mit dem davon gebildeten Beiworte: muoseresch, deutsch in Sprache, Tracht u. s. w. So heisst auch die katholische Religion, als das Glaubensbekenntniss der meisten nach Siebenbürgen kommenden Deutschen der „muoseresch glâwen" (Glaube). Alle Deutschen, welche nicht nach ihrer natürlichen sächsischen Hamler Sprache reden, heissen Moser, sagt der ungrische oder dacianische Simplicissimus bei Schröer a. a. O. 58. Die Ansicht, dass zuerst die deutschen Söldner, welche unter Ferdinands I. Feldherrn Castaldo 1551 nach Siebenbürgen kamen, muoser genannt wurden, und dieser Name dann später im Volke auf alle nichtsächsichen Deutschen übergegangen sei, hat sehr viel für sich. Noch mehr vielleicht würde sich die häufig gehörte, und den Sachsen oft zum Vorwurfe eines höhnenden Spottes über Fremde gemachte Ableitung des Wortes von Mauser Dieb aus der zügellosen Wirthschaft jener Söldner, über welche Castaldo selbst die bittersten Klagen führt, rechtfertigen lassen. In der That war in früherer Zeit, wie Logan sagt: — schmeicheln, schmausen, Schmarotzen, bübeln, mausen, Soldatenbrauch, und in der Chronik von Martin Bötzinger, Pfarrer zu Pappenheim, werden jene Söldner auch Mauser genannt. Freitag, Bilder aus der deutschen Vergangenheit I. S. 510. Allein dieser Erklärung steht ausser den Lautwandelungsgesetzen der sächsischen Mundart, nach welchen das hd. au in ou übergeht und daher aus mausen, mousen u. s. w. wird, auch der Umstand entgegen, dass im Volksbewusstsein sich auch nicht die leiseste Spur dieses Zusammenhanges findet, sondern das Wort ohne alle Nebenbeziehung gebraucht wird. Andere, namentlich von Tröster (das Alt- und Neu-Dacia, Nürnberg 1666. S. 287.) erwähnte Ableitungen von monsieur, von Mazara „so die Gallische Kurassiere trugen, und spitiger Panzerbrecher war", von „Moosdyk" dem angeblich altdeutschen Namen der Palus Maeotis, sind zu abenteuerlich, um weiter erörtert zu werden. Der von Seivert in seiner immer noch werthvollen Abhandlung von der siebenbürgisch-sächsischen Sprache (Ungrisches Magazin 1. 276) versuchten Anknüpfung des Wortes an das ns. muse Panzer, wo dann die ursprüngliche Bedeutung jene eines Panzerträgers sein würde, kann dieser Vorwurf nicht gemacht werden. Allein der Panzer heisst sächs. Kuores, Kürass, und gerade unter den ersten deutschen Truppen im Lande waren so wenig gepanzerte Reiter (equites cataphracti), dass Castaldo wiederholt über den Mangel daran klagte. Gleichen Anspruch auf Beachtung würde vielleicht auch die Vergleichung des in deutschen Mundarten vorkommenden Mousser, der Müssiggänger, Fromann a. a. O. 4. 158, haben. Dann läge die Wurzel desselben in dem mhd. muozen, feiern, müssig gehen, und es gehörte mit dem sächs. mâseln *v. n.* müssig herumschlendern, der davon gebildeten Schelte gassemâsel *f.* Frauenzimmer, welches beschäftigungslos herumläuft, dem bair. mausen, mauseln langsam gehen, u. s. w. in die gleiche Bildungsreihe. Die wahrscheinlichste Erklärung des vielbesprochenen Wortes mag indessen nach unserer Ueberzeugung der Thatsache entnommen werden, dass der Kriegerstand von Andern verpflegt wird, daher denn auch in deutschen Mundarten unterhalten, zum Soldaten anwerben, sich unterhalten lassen, Soldat werden heisst, und in der sächsischen Mundart das Wort angderhâlden soviel als kriegspflichtig bedeutet. Wir vermuthen daher die Wurzel in dem mhd. muas, mues, maz, die Speise, welches in dem sächs. muosleng, mosleng, masleng, Fischköder u. s. w. anklingt, und stellen „muoser" unbedenklich mit dem ganz gleichlautenden bair. Mueser, Bursche, der gleichsam noch Brei isst, zusammen. Wie anderwärts der Name Bube auf die von Bürger und Bauer gefütterten Söldner, übertragen worden ist, so dürfte es auch mit unserm Namen geschehen, und so das Bewusstscin seines ursprünglichen Sinnes in seiner neuen Anwendung untergegangen sein. Vgl. das siebenbürgisch-sächsische Wort muoser oder Mooser. Eine Studie von J. C. Schuller in E. v. Tranchenfels Magazin für Geschichte, Literatur und alle Denk- und Merkwürdigkeiten Siebenbürgens. Neue Folge B. 1. S. 121. ff.

muossleng s. muoser.

murkes *m.* scheltweise für: Kind; in der Gegend von Reps auch: Frosch, mit der Nebenform markes. Analog ist das ns. Murks ein kleiner unansehnlicher Mensch, wohl auch ein verdriesslicher Mensch. Beide Wörter bringt Adelung mit dem gemeind. murks, womit der grunzende Ton der Ferkel nachgeahmt wird, und dem davon gebildeten Zeitworte murksen, diesen Ton von sich geben, in Verbindung. In alten Glossarien wird mure durch: qui obtusum habet nasum, erklärt.

murr s. murresâ.

murresâ *f.* als Schelte einer schmutzigen Person. Dass der Anschluss an murr *f.* die Möhre, keinen Sinn gibt, braucht nicht bemerkt zu werden. Wir werden das Wort daher mit dem sächs. und mhd. muor, Morast, Schlamm und dem dazu gehörigen aachn. mure Schlamm, Koth aufwühlen in Verbindung zu denken haben. Auf dem Gleichklang von muor, môr mit mores beruht der sächsische Volkswitz auf eine unflathige Person, dass sie vom Schwein mores gelernt habe.

mûrthûf s. muterhûf.

mûterhûf *m.* der Maulwurf, holl. Mulhoop, ns. Multhoop, an der Eipel Moltref (daher Moltrefsohgen, kurzsichtige Augen) 2. der Maulwurfshügel, aachn. Mothövel. Wie das deutsche Maulwurf, so stammt auch unser Wort von dem mhd. Molt, zu Mulm geriebene Erde, daher denn auch die mundartlichen Nebenformen Mûlterhûf, muolhûf und mit Umtauschung des l in r mûrthûf die richtigern sind.

mutzuck *m.* als Schelte entspricht dem d. motzig, mutzig, träge, verdrossen, schmutzig und wurzelt in motzen, träge sein, zögern.

N.

nackebir s. nackeföll.

nackeföll *f.* der Nackenschlag, von dem mhd. villen geisseln, schlagen, schindern. So ist auch das gleichbedeutende nackebir nicht etwa auf Birne, sächs. bir, sondern auf das mhd. Ber, der Schlag, beren, schlagen, südd. birren, mit der Faust auf den Kopf schlagen, zurückzuführen, wovon auch das sächs. p̂rel *m.* der Schlägel, der Bär, stammt.

nackewötz s. noflötz.

nâl *f.* Spottname einer Weibsperson, die eine unvernehmbare Aussprache hat, mit dem davon gebildeten Zeitworte nâlen, näseln, nieseln, mit dem na nälen, zaudern, langsam sein, langweilig erzählen, daher Noll, Nohl, Nolpeter, Nolsuse, ein blödsinniger Mensch. In Köth heisst die Nase Nöse, ob von dem mhd. nol, Gipfel, Spitze?

nâlen s. nâl.

nann, nänn *f.* die Mutter; das Mutterschwein. Gehört zu den uralten Wörtern fremden, aber unbekannten Ursprungs, und war ehemals eine Ehrenbenennung älterer Personen. Juniores autem, sagt Papias, patres suos nonnos appellant, quod intelligitur paterna reverentia. Sowie man daher die bejahrten Mönche patres, Väter nannte, so nannte man sie auch nonnos und die Klosterfrauen nonnas, beide zusammengenommen aber nonnonos oder nonnanos. Im Italiänischen ist nonna die Grossmutter. In der Bedeutung eines Mutterschweines kommt Nonne auch im Hochdeutschen vor, mhd. Nonne, Nunneswin; als Gegensatz von Mönch, welches ein verschnittenes Thier, ein männliches Schwein bedeutet, und so wie mönchen, mhd. nunnen, verschneiden, castrare, als spottweise Anspielung auf die Ehelosigkeit von Mönchen und Nonnen zu fassen ist.

nâst s. neflötz.

neflötz *m.* als Schelte: unflâthiger Kerl, Schmutzfink, Schmutzhammel, mit der mundartlichen Nebenform Meflötz. Nach Sinn und Form hat das Wort seine nächsten Verwandten in dem ns. Flätsk, Fläts, Flät-Angel, schmutziger Mensch, dem aachn. flädig, schmutzig, garstig, hässlich, unartig, dem liefländischen Flâhz, ein grober Mensch, Bengel, dem schwäbischen Flâz, ein aus Trägheit oder Bauernstolz unthätiger Kerl. Die Wurzel aller dieser Wörter hat sich in dem aachn. Flatt, Fladen, Mist z. B. Kuhflatt u. s. w. erhalten, und der etymologische Sinn wird wohl Stinker, Mistbauer sein. Das anlautende ne- ist ohne Zweifel der am Niederrheine auch vor männlichen Hauptwörtern ne lautende Artikel, und mit dem Hauptworte zusammengeflossen. Andere Beispiele einer solchen Verschmelzung des unbestimmten sächsischen Artikels en, e, 'n sind in der sächsischen Mundart, nâst *m.* der Ast, nakewötz *f.* eine Art kleiner Birnen, d. Ackewitz.

néssûgeln *v. n.* weinen, der Zusammensetzung nach: nasse Augen haben, wie das gleichbedeutende Fluosûgeln von dem Fliessen der Thränen: Von dem heimtückischen Weinen wird auch ein in verstockter Art boshafter, missgünstiger, scheelsüchtiger Mensch nêssüglich *adi.* genannt.

nisser s. flûhnelster.

nöderträchtig *adi.* gehört zu den Wörtern, welche hie und da auf dem Lande noch ihre ursprüngliche und ehrenhafte Bedeutung erhalten haben. So wird rühmend genannt, wer im Gegensatze des Hochfahrenden ein herablassendes Betragen hat. In gleicher Weise sagt der Odenwälder Bauer von seinem Grafen: Das muss man aller sagen, 's is gar en niederträchtiger Herr. Er hat mit olle Kinn gesprocht. Firmenich a. a. O. 2. 33.

Niederträtig schläit un räit,
Dat passt tom Burekledd

heisst es in einem niederrheinischen Gedichte' das. 1. 420 und in alten Schriften wird die Niederträchtigkeit als eine besondere Tugend der Heiligen gerühmt.

nôknöddeln *v. n.* überall nachfolgen. Die Wurzel von diesem Worte, und von dem baier. nöltcln, sich hin- und herbewegen, wird wohl in dem mhd. kneten, treten, knetschen, kneten zu finden sein. Im ungrischen Berglande heisst nöttern im vollen Trabe reiten.

noppen *v. n. s.* genöpp.

nopperes *m. s.* genöpp.

nôschuâlen *v. n.* die Worte eines Andern mit ihrem Tone spöttisch wiederholen und nachsprechen, d. nachspotten, frequentative Form des ns. snauen, ein naseweises, loses, zänkisches Maul haben, mit unfreundlicher Heftigkeit herausfahren, im Hannoverschen schnauelu von Snaue, Schnaue, Schnauze. In der Sprache des Volkes heisst auch der zweite Violinspieler, weil er die Melodie des ersten oft aufnimmt und wiederholt, der Nôschnâler. So besteht auch im Bernburgischen das Tanzquartett aus dem „Vuorschtreicher, dem Nachstreicher, dem·Bassjungen und dem Bluosebengel." Firmenich a. a. O. 2. 228. Das seltenere sächs. schnâweln *v. n.*, welches die gleiche Bedeutung hat, wurzelt in Schnabel, sächs. schnuowel *m.* der Mund, und hat seine Verwandten in dem bair. schnäbeln, mit geläufiger Zunge schwatzen, vorlaut sein, Schnabel, ein Mensch, der unüberlegt spricht, und dem mhd. snabelsnell, vorlaut, snabelsnellen, vorlaut sein.

nôschnâler s. nôschnâlen.

O.

ôchtert *n.* das Hinterkorn, Afterkorn, d. i. das Korn, welches bei dem Worfeln zurückbleibt, bair. Aftertreid ns. dat Achterste von dem mhd. after, hinter.

ôm *m. s.* mummesch.

ônen *pl.* die Agen, Ageln, durch Erweichung des g wie sôn, sagen, Klón, Klagen u. s. w. gebildet; so auch altsüdd. Anen, fragmenta lini, und mhd. Am, die Spreu vom Getreide.

ônsern *v. a.* bekritteln, unstreitig eine mundartliche Form des mhd. anden, rügen, bair. etwas befremdend finden, von dem mhd. Ande, eine Kränkung, durch welche man erbittert wird.

opper *f.* allein oder in Zusammensetzung mit ûg-, Auge, die Augenwimper, die Braue, bair. die Aber, Augenäber. Ob Schmellers Vermuthung, dass Aber aus Augenbraue verhunzt worden, richtig sei, wagen wir nicht zu entscheiden.

ousschägen s. schägen.

P.

pacheres *m.* s. päckes.

päckes *m.* eine sehr gewöhnliche Bauernschelte, steht dem latein. pecus allerdings so sehr nahe, dass man der Aufeinanderbeziehung beider Wörter kaum ausweichen kann. Sind doch auch andere Wörter aus der lateinischen Schule in das Volk gekommen. Analog sind: die Benennung der Unterländer im Elsasse: Paxe, der Spottname der Blödsinnigen in Baiern: Fechse, und der Gassenbuben in Holstein Pack. Für den Anschluss des Namen an den Puck, Pucks der deutschen Mythologie spricht das spöttische und überlästige Wesen dieses Hausgeistes, das er mit dem Bauern gemein hat. „Wer einen Bauern plagen will, nehme einen Bauern mit," sagt ein bekanntes Sprichwort. So hat anderseits der Blödsinnige auch das viele Lachen mit dem Pucks gemein. Dass Pucks sächs. päckes gesprochen werden würde, brauchen wir nicht zu bemerken. Ob aber eine andere sächsische Bauernschelte: pacheres, welche besonders den Bauern von Michelsberg ertheilt wird, auch mit päckes zusammengehöre, ob dabei an das ns. puken, eine Kleinigkeit behende stehlen, Pukarije, behende Dieberei, geringer Diebstahl, oder an das luxemb. pochen, ungeschickt, stümperhaft flicken, an das bei Fallersleben übliche pachern, zudringlich bitten, oder an das schles. sich pachern, sich am warmen Ofen gütlich thun, ns. backern gedacht werden solle, getrauen wir uns nicht zu bestimmen.

päddom *m.* seltener Faddem, die Melone, mhd. Pfademe, bair. Pfeben, aus dem lat. pepo verderbt. Malheur, Herr Oberlieutenant, soll ein sächsischer Privatdiener zu seinem Herrn gesagt haben, hier können die Leute nicht deutsch, als er in Wien auf dem Markte gefragt hatte: Was kost' der Päddem, und nicht verstanden worden war.

paddrich *m.* die Pfütze; wird wohl mit dem sächs. poddel s. horrlen zusammengehören. Der Ausdruck im „Paddrich" sein entspricht dem deutschen: in der Dinte, im Dreck sein.

päpps s. pîpsen.

pärren *v. n.* mit schnarrender Geschwindigkeit sich schnell bewegen, brummen, schnarren, wie z. B. der Kreisel, eine Darmsaite u. s. w. onomatopoetische Wortbildung, wie das schwäb. pfurren

und das bair. burren. Im Volke sagt man auch von Jemanden, der das r nicht deutlich aussprechen kann, er könne es nicht „pärren."
paripp *f.* ein schlechtes Pferd, mundartliche Verhunzung des mhd. Pfârit, Pfärit vilis equus.
parnîtsch s. pernîtsch.
partêken *pl.* die Habseligkeiten, das Gepäcke wird zu Partem gehören. So wurde die Gabe genannt, welche in einigen Gegenden von Deutschlands wöchentlich mit der Aufforderung: partem! für arme Schüler gesammelt wurde, daher denn auch die Studenten Partekenfresser oder Partekenhengste gescholten wurden.
pässeln s. passern.
passerer s. passern.
passern *v. n.* kleine unerhebliche Handarbeiten verrichten, besonders zimmern, mit der mundartlichen Nebenform pässeln und dem Hauptworte passerer *m*. bair. passeln, pasteln, der Passler, von dem mhd. Poz, Pozknecht bair. Poss, Possel, ein geringer Knecht.
pâtsch s. pernîtsch.
pâtschen s. pernitsch.
patz *m.* in der Redensart: en patz, oder: enpatz Wasser trinken entspricht genau dem aachn. Pötz drenke, Wasser trinken; von Pötz, Putz, Zieh- oder Schöpfbrunnen, auch das Brunnenwasser selbst. Daher wird auch das sächsische patzvôl soviel heissen, als voll wie der Brunnen.
patzi s. pingesen.
pätztrog *m.* der Trinktrog, die Trinktonne, die Trinkriune, von dem mhd. puc, putz der Brunnen; s. patz. Die mundartliche Nebenform prätztrog schliesst sich an das mhd. Pfrotze, cisterna.
patzvôl s. patz.
pêsel *n.* das Seil, mit welchem die Pferde auf der Weide an einen Pfahl angebunden oder gepfählt werden, unstreitig aus pêlsîl, pfahlseil verkürzt.
pernîtsch *f.* ist im Burzenlande die Schelte eines alten bösen Weibes. Wir suchen die Wurzel dieses Wortes, und des köln. verningk, ärgerlich, böse. Fromann a. a. O. 1. 454, dann des plattdeutschen verninsch, heimtückisch, boshaft in venenum, plattd. Vernin, Verin. Gift. Fromann a. a. O. 2. 318. Der Uebergang von pf und f in p in der Mundart des Burzenlandes ist aus Pârd, Pferd u. s. w. und die Erweichung des auslautenden g in tsch aus Formen wie hûntsch *n.* Honig u. s. w. bekannt. Die sinnverwandte Schelte pätsch *f.* entspricht genau dem mhd. Pitsche, der Scorpion, und gehört mit dem sächs. pätschen, aachn. petschen, pitschen, zwicken in dieselbe Wortreihe.
pimeln *v. n.* mit der mundartlichen Nebenform pêimpeln, weinen, entspricht dem schles. pimpern, pumpern, weichlich sein, kläglich thun, im ungrischen Berglande pimpeln, zudringlich bitten. Alle schliessen sich durch die gewöhnliche Umlautung des n in m

(vgl. boddem, faddem, Boden, Faden u. s. w.) an das mhd. Pin, Schmerz, Pein, pinen, Schmerz empfinden, leiden.

pinggesen *v. n.* mit der Nebenform pinkesen, hämmern, Getöse machen, von dem mhd. pfunken, pauken, schlagen, stossen, luxemb. penke die Glocke anschlagen, und von dem Zitherschlagen heisst es in einem Eifler Gedicht:

Eg hire liewer Krischen naach e Filen (Füllen)
Es des Jepienks em jahnze Joar

Firmenich a. a. O. 505. Onomatopoetische Wortbildungen:

Of esmal geit et ôwer Nacht
Ganz lostig: pinke! panke!

heisst es in einem Liede des preussischen Samlandes vom armen Schmid bei Firmenich a. a. O. 3. 116. Für einen Zusammenhang des sächs. Namens vom Hundenschläger pinjétz *m.* mit pinggesen, kann angeführt werden, dass der gleichbedeutende Name patzi *m.* offenbar mit patzen, schlagen zusammengehört. Als onomatopoetische Wortbildung (von dem Schalle der fallenden Tropfen) haben wir wohl auch pinkeln *v. n.* tröpfeln zu betrachten.

pinjétz s. pinggesen.
pinkeln s. pinggesen.
pinkesen s. pinggesen.
pîpsen *v. n.* gerne trinken, zechen. In Trier heisst der Durst Viebs, und eben diesen Namen führt auch der Pfipps, sächs. päpps *f.* die bekannte Krankheit der Vögel, wo sie den lechzenden Schnabel aufsperren, Laven. a. a. O. 264 hat wohl Recht, wenn er beide Namen für identisch hält.

pîrel *m.* s. nackeföll.

pisel *m.* gehört zu den sächsischen Schelten, deren Bedeutung und Kraft dem Volke abhanden gekommen ist. Weit richtiger, als die vermuthete Ableitung von pusillus, klein, winzig, ist die Zusammenstellung des Wortes mit dem ns. pesel das männliche Glied, gemeind. der Schwanz. Dafür sprechen nicht nur die ns. Scheltnamen Swinepesel, Smeerpesel, sondern auch die südd. Schelten Schwanz, Sauschwanz u. s. w. In gleicher Weise wird das Wort Zagel, sächs. Zuogel *m.* bei Hans Sachs in der Zusammensetzung Sauzagel und in dem sächs. roppenzuogel, roppzuogel *m.* (s. raffig.) gebraucht. Wir haben daher auch gar keinen Grund, die sächsische Schelte Drûmzuogel, Träumer, Faulpelz mit der Saalfelder Sitte, denjenigen, welcher am Pfingstsonntage am spätesten aufgestanden, ein von Maien und Birken geflochtenes Zeug, davon ein langer Schweif herabhing, unvermerkt hinten an die Kleider zu befestigen, und ihn Pfingstzahl (Pfingstzagel) zu schelten, in Verbindung zu bringen. So wird auch ns. ein trübseliger Träumer Drôvstaert (von Steert, Schwanz) genannt.

pisern s. bisen.

pissgurr, ein Zuruf, mit welchem Kinder, die in das Bett gepisst haben, ausgezischt werden. Die erste Worthälfte ist für sich

klar; in der zweiten glauben wir das ns. Gör-Kind vermuthen zu
dürfen, dessen Zusammenhang mit dem d. Gurre „schlechtes Pferd
(dem es im Bauche gurrt), schlechte Dirne (sächs. gorr) durch das
schweiz. Gurrli kleines Mädchen vermittelt wird.

plictri *m.* albernes Zeug, abgeschmacktes Blendwerk, bair. das
blictri, mittellat. blictrum, plictrum der Schaum vom Biere, ns. Plick
eine Kleinigkeit, plikerije Kleinigkeiten.

plünz *f.* die Geliebte, von dem mhd. pflanzen, schmücken und
mit dem bair. sich pflienzeln, sich zieren, putzen, die Pflanzlerin,
eine Weibsperson, die sich gerne schmückt und ziert, zusammengehörig.
Dass das Wort in seiner andern Bedeutung von Pflanze sich
an planta schliesst, braucht nicht bemerkt zu werden.

poddel, porrel v. horrlen.

pörzeln *v. n.* hoffärtig einhergehen entspricht dem bair. sich
bürzen, sich brüsten, schwäb. pörzen, stolz sein, von dem mhd. bürzen,
hervorstehend machen, hervorstehen.

präck *f.* in der Redensart: än de präck schmeissen, zum
schnellen Auffangen werfen, aachn. Geld in die Rull werfen. In
Baiern heisst ein Kinderspiel, wobei eine Münze von den Spielenden
der Reihe nach gegen die Wand geworfen, und wenn sie so fällt,
das die Kehrseite aufwärts sieht, dem Werfenden zu Theil wird, das
Bräckwerfen, was Schmeller mit prägen, bair. prächen, präcken, in
Verbindung denkt. Vergleichen wir die Ausdrücke, womit anderwärts
das Geldwerfen in's Volk bezeichnet wird: in die Rappuse werfen,
in de Grapsche smyten u. s. w., so ist wohl kein Zweifel daran, dass
das Wort Präck nichts anders als das d. der Brack, die Bracke ist.
So wird der Ausschuss von Waaren, Vieh u. s. w. genannt, daher
denn auch in Lippe ungezogne Kinder Bracke heissen. Der Sinn
wird daher wohl sein: Geld unter den Pöbel, die Gassenjungen und
dgl. werfen.

pratten *v. n.* von Pferden: stätig sein, unstreitig das mhd.
pralten sich brüsten, wovon dann das ns. pratzig z. stolz, übermuthig
stammt. Gehört das sächs. patzig, als Nebenform eines verloren gegangenen
pratzig vielleicht auch hieher?

prîpeln *v. n.* viel und langweilig reden, bröfeln, pröpeln bair.
brippeln, brummen, unvernehmlich reden, verwandt mit plappern,
schnell, undeutlich oder gedankenlos reden. Dazu gehören: der priepler
m. langweiliger Schwätzer, und Gepriepel *n.* langweiliges, leeres Gerede;
langweiliger Schwätzer. Das gleichbedeutende proddeln *v. n.*
mit den davon gebildeten Hauptwörtern proddler *m.* und geproddel,
stammt mit dem ns. praatteln, schwatzen, Praat aachn. Proot, Geschwätz
von dem mhd. braten, plaudern, „dann grummt un prottelt
hä un määt o Gesuch we Portkappes" heisst es in einem Kölner
Märchen bei Firmenich a. a. O. 454. Im Vorarlbergischen ist brodln
ein Zeitwort der Kindersprache, und bedeutet unbeholfen reden;
wird auch vom Sagen, Sprechen und Beschwören gebraucht. Wenn
man Schatz graben will, heisst es, muss me ebbes brodln. From-

mann a. a. O. 3. 300. In Aachen wird auch der Grossvaterstuhl Pröttel oder Prötter genannt. Durch die ns. Ausstossung des t ist das sächsische pruole *f.* langweilige Schwätzerin entstanden.

proddeln s. prîpeln.

pruole s. prîpeln.

prût *n.* mit der mundartlichen Nebenform pruit, angeschwollenes Eis, mit dem davon gebildeten Zeitworte prûten, Eis ansetzen, im ungrischen Berglande broteisen, und Broteis, schmelzendes Eis, bair. Schneebrot, Schneeklumpen, von dem veralteten Brod, Broden. Brodem, altbair. Prod, zähes Gemenge von festen und flüssigen Substanzen.

pungge *f.* der Geldbeutel, nicht, wie gewöhnlich angenommen wird, romänischen Ursprungs, sondern das mhd. pfunc, ns. Bung, punga, Beutel.

puppes *m.* 1. der Wiedehopf, *fig.* der Narr, Geck, Gimpel, ns. Pupass oder Puvogel, onomatopoetische Wortbildung, wie das latein. upupa. 2. der Haufe, ns. Pape. Das schwäb. poppel, der Knaul, das engl. popple-stones, runde Steinchen, buble, Wasserblase, und viele andere Wörter führen auf eine Wurzel bob, pop, welche den Begriff des Runden bezeichnet. Während aber das Beiwort puppesig, närrisch, albern, von der figürlichen Bedeutung unseres Wortes herkommt, gehört püppesken *n.* als Liebkosewort für kleine Kinder, und puppaia in dem Wiegenliede:

Haia puppaia

eigentlich: haia pupp'aia

zu dem d. Puppe, Kind, lat. pupa, und ist als mundartliche Form von Püppchen zu betrachten.

purdi, purdig, purdignackig s. fuoselnackig.

pûrz *f.* mit der Nebenform puorz, das Thor, der mit einer oder mehrern Ringmauern umgebene Kirchhof, welcher den Bewohnern von Stadt und Land als Zufluchtsort in unruhigen Zeiten diente. Für diesen Zweck waren an der innern Seite, oder zwischen den Ringmauern Wohnzimmer und Vorrathskammern angebracht, welche jetzt noch von den Dorfsleuten zur Aufbewahrung von Früchten, Wäsche u. s. w. benützt werden. So heisst auch am Niederrheine das Thor Porz, lat. porta, in Köln mit Abschleifung der Pooz, und in alten Weisthümern der Thorhauptmann „Verwairer der Stadtporzen Lacombet a. a. O. 3. 2. 269.

pustig *adi.* wüste, im eigentlichen und figürlichen Sinne des Wortes. So wird z. B. ein öder Platz, ein unüberlegter, gedankenloser Mensch u. s. w. pustig genannt. Wir brauchen das Wort nicht von dem ungar. puszta die Wüste abzuleiten. Weit näher liegt das veraltete deutsche Buste, Wüste, das ns. buster z. B. ein buster Ort eine wüste Gegend „busten, geruc herumirren.

Q.

quâken *v. a.* kåken.

quaddeln *v. n.* mit der mundartlichen Nebenform quatscheln, viel und gehaltlos reden, plaudern, plappern, frequentative Form des mhd. quaden, sprechen, sagen. Verwandt ist das aachn. Quiesel f. die Betschwester. Auf dieselbe Wurzel führt vielleicht auch die scherzweise Benennung kleiner Kinder Quâzboch; doch liegt die Ableitung von quâzen schreien, weinen, d. quaken wohl näher. De quaats aam Kopp, wie'n Urgelspiep, heisst es in einem Kölner Fastnachtsspiele bei Firmenich a. a. O. 3. 208. Ob aber die zweite Hälfte des Wortes ursprünglich schon das d. Bauch sächs. boćh gewesen, und darin eine dem bair. Bauchweh *m.* ein kränklicher Mensch, und dem ns. quarrbunk ventre murmurans analoge Bildung enthalten, 'oder aber aus irgend einem andern Worte (ob etwa bâltch (Balg) kleines Kind) zusammengeflossen sei, getrauen wir uns nicht zu behaupten. Na. wird ein weichlicher, kränkelnder Mensch, der nicht viel vertragen kann, Quakkebrook genannt. In derselben Bedeutung hören wir oft auch das sächsische Wort anwenden. Auf die Wurzel quaden ist auch das sächs. quâseln, unverständlich wie kleine Kinder reden, mit dem davon gebildeten verquuoselt, unverständlich, verworren, zurückzuführen.

quâseln *v. n.* wenig und oft essen, holst. quosen, langsam, kauend hineinessen, ns. Quas der Frass, das Essen, quasen fressen, übermässig essen, schles. Quas Schwelgerei, Quaserei, Zecherei, Fresserei, Abendquas, Abendschmaus, altschles. quosen, zechen. Hoffmann von Fallersleben, Beiträge zu einem schlesischen Wörterbuche bei Frommann a. a. O. 4. 181. Vetters (Lexicalisches zu Weinholds Beitr. zu einem schlesischen Wörterbuch in Frommann a. a. O. S. 474.) vergleicht das gleichbedeutende böhm. kvas, und hält es für ein sehr frühe schon ins Deutsche gekommenes slavisches Wort. Ueber eine andere Bedeutung von quâseln s. quaddeln.

quâzen, quâzboch s. quaddeln.

quê in der Redensart: quô mâchen, Umstände, Verdriesslichkeiten, Händel machen, luxemb. engem de Quer machen, Jemanden aus dem Sattel heben, ausstechen, ihm einen Vortheil wegnehmen, von dem franz. queue das Ende, der Schweif, der Schwanz und analog. dem franz. faire la queue à quelqu'un, le supplanter. Der etymologische Sinn unseres Ausdruckes wird also wohl sein: machen, dass die Sache noch einen langen Schweif bekommt.

quinten *pl.* Ausflüchte, Vorwände, gehört zu dem aachn. Quant, Schalk, loser Geselle, ns. der Schein einer Handlung, womit es uns nicht Ernst ist, daher quänteln, quäntern zum Scheine thun, nicht im Ernste handeln, quantswies zum Scheine. Von den versuchten Ableitungen des Wortes von quasi, oder von gewandt ist wohl keine stichhältig. Ob nicht Fant, Quant, Finten, Quinten Zweige desselben Astes sein mögen?

R.

râdel *f* in der Redensart: Jemanden an der „rädel" haben, ein Wort, dessen Zusammenhang mit dem deutschen Worte Rädelsführer unverkennbar ist. Unter allen Ableitungen dieses Wortes ist aber unstreitig jene von Rad, Radel, Kreis, Tanz und die ursprüngliche Bedeutung: Reihenführer, engl. ringleader die allerwahrscheinlichste.

raflîg *adi.* rauh, harsch, von der Oberfläche der Haut u. s. w. Von dem mhd. Ruf, Rufe, Kruste einer Wunde, eines Geschwüres, sächs. rîf, rûf *f.* mit dem davon gebildeten Beiworte rûwwig bair. Rufe, *f.* die rauhe Oberfläche vertrockneter Brosamen, frisch gepflügter und nach gefallenem Regen getrockneter Felder u. s. w. In dieselbe Wortreihe gehört das sächs. râpen *m.* (mit der romänischen Endung râpizze) ein rufiger Ausschlag der Ferkeln. Dagegen ist aber roppig *adi.* und das gleichbedeutende verroppt *adi.* lumpig, schäbig, luxemb. rappeg, am Mittelrhein raubig, hochd. ruppig wohl an rupfen, ruppen zu schliessen, und wird eigentlich soviel als zerrupft, zerlumpt sein. Ob die sächsische Schelte eines kleinen und abgemagerten Menschen roppenzuogel auf roppig, oder auf rop *f.* die Raupe zu beziehen sei, lassen wir unentschieden. Schmeller ist bei der Erklärung des bair. Raup, Raupen, Räupling, einjähriges Stück Rindvieh, in der ältern Sprache auch als Schelte gebraucht, (Raup, schau in dein Buch; taurule inspice librum! „Die P. P. Quardiane sollen fürder keinen jungen Professor einen Esel oder Raupen nennen" Schmeller a. a. O. 3. 117), für die letztere Ansicht, für welche allerdings auch der ns. Ausdruck: eine Rupe vom Kinde, ein Kind, das noch nicht gehen kann, sondern wie eine Raupe kriecht, zu sprechen scheint. Ueber die Bedeutung von zuogel in dieser und andern Zusammensetzungen s. pisel.

raita *f.* eine unternehmende Weibsperson, ein Mannweib, wurzelt wohl in dem mhd. rade, hurtig, behende, ausrichtsam.

ramp *m.* 1. das hd. Rumpf, hohler Raum, hohles Gefäss. So wird ein Tisch mit einer grossen und tiefen Schublade, wie er ehemals wesentlich zu einer sächsischen Hauseinrichtung gehörte, ein rampdäsch *m.* ein Schlitten mit einem aufgesetzten hohlen Kasten, ein rampschlidden *m.* eine Salzmeste Sâlzramp genannt. 2. als Getreidemass ein Ganzes von vier Vierteln, sächs. vîrel *n.* oder acht mîrzen (s. mîrz), deutsch gewöhnlich durch Kübel übersetzt, daher ein Sack, der einen Kübel fasst, ein rampsack heisst. Dabei dürfen wir nicht übersehen, dass die Viertheilung bei Grund und Boden, und bei Getreidemass am Niederrheine, wie in dem Sachsenlande vorkommt. Ausdrücke wie ein „Viertel Landt, Vierzen Korns, Staber" u. s. w. finden wir häufig in Weisthümern jener Gegenden.

ranndrän, ranndrä *adv.* über Hals und Kopf, um die Wette. Wie das gleichbedeutende bairische haudrei', rotrei', routrei' in Ausdrücken urä: routrei'! womit die Knaben einander beim Beginne des Wettlaufes zurufen: „Buebn san routrei' gloffen u. s. w. sich als eine ursprüngliche Imperativform von hauen, und reiten (in der nun veralteten Bedeutung treiben) in Verbindung mit drein herausstellt, so wird auch das sächsische Wort, das in ähnlicher Weise ebenfalls auch als Zuruf gebraucht wird, als Imperativ von rennen sächs. rännen, rannen, und darein sächs. drän anzusehen sein.

rant s. ronten.
rânzen s, ronten.
râpen, râpize s. raffig.
rêklich *adi.* artig, niedlich entspricht dem mhd. 'rilich, richelich, und wurzelt in dem mhd. rich, reich und dessen alter Bedeutung kostbar, herrlich.
rôm s. berômen.
ronten *m.* der Spott, Hohn, schliesst sich unmittelbar an das mhd. ranz, schäckernd, ranzen, mit Jemanden seine Kräfte üben, ihn necken, unanständige Bewegungen machen, bair. ranten, rantiren, lustige oder muthwillige Streiche machen, welchem das sächs. rânzen, rûnzen, rünzen, sich mit Jemanden im Muthwillen herumbalgen, muthwillig sein, lärmen, und der gleichbedeutende Ausdruck: mit Jemanden seinen „rant" *m.* haben, d. i. lärmenden Muthwillen treiben, entspricht. In dieselbe Bildungsreihe gehören: rûnzerig *adi.* zu muthwilliger Balgerei aufgelegt, und rünzig, brimmig (von Thieren.)
roppzuogel
roppenzuogel } s. pisel.
ruckes *m.* der Tauber, mit dem dazu gehörigen Zeitworte ruckesen, girren, wie ein Tauber; bair. ruckern, ruckezen u. s. w. Onomatopoetische Wortbildungen, welche mit dem goth. hruk, das Krähen des Hahnes, dem mhd. Rache das Blöcken, dem d. Rack die Monatstaube, dem ns. Rook der Rabe u. s. w. zusammengehören.
rümesch *m.* die rothe Rübe, der Mangold, die Beere mhd. Rumesch Krut d. i. römisch Kraut, von Rume, Rom, altbair. Römische Chraut, brassica.
rûnzen, rünzen s. ronten.
rûnzerig, rünzig s. ronten.
rüren *v. n.* rieseln, auch gemeind. rohren. Besonders wird das sächsische Wort von dem Ausfallen der Samenkörner aus den Aehren oder Schoten gesagt. Unstreitig das mhd. reren, rauschen, herabfallen, einen Schall von sich geben. Das mhd. Rer der Abfall, hat sich in dem sächs. Dännrür *n.* die beim Abladen aus den Garben in die Dreschtenne rieselnden Getreidekörner erhalten. In der weitern Bedeutung von Schreien wie ein Rind begegnet uns das mhd. reren in dem sächsischen Worte rürüs *m.*, welches vergleichungsweise zur Bezeichnung eines lauten Schreiens oder Heulens gebraucht wird. Dass die Anknüpfung dieses Wortes, welches hd. Rohrochse lauten würde, an Rohr, sächs. rür *n.* arundo ganz verfehlt wäre, liegt auf der Hand.
rürüs s. rüren.

S.

sach s. säcken.

sükê *f.* ein grober Bauernrock, rockartiger Mantel, Mantelrock. Das mhd. Sage, Saig (vom lat. sagum) bedeutet einen dicken, zottigen Kriegsmantel, und das verwandte Suckenie, Suggenie, Sukei ein enges Oberkleid, das mit dem Rocke zusammen erwähnt wird. Es ist nach C. Weinhold deutsche Frauen im Mittelalter. Wien 1851 s. S. 447. wie das altslav. Sukno Wollentuch, Wollengewand zeigt, ursprünglich ein slavisches Kleid, das sich aber in den abendländischen Marken weit verbreitet hatte, da es unter den Namen soscania, συκανια, sousquenie, souscanie auch bei mittellateinischen, mittelgriechischen und französischen Völkerschaften vorkommt.

säcken *v. a.* gerichtlich belangen, anklagen, klagen. Nicht von suchen sächs. säken, sondern von dem mhd. Sak, Sache, Klage, Rechtsstreit, sachen, klagen, beschuldigen, ns. saken. So wird Sach *f.* auch in der sächsischen Mundart in der Bedeutung von Streitsache, Rechtssache gebraucht.

saturnus s. hiderlächt.

schäkes *adv.* schief, schräg, in eigentlicher und figürlicher Bedeutung mhd. schiech, ns. schuk, bair. schiegk, daher dann schiegken mit einwärts gekehrten Beinen gehen, und das sächs. schickelu *v. n.* schief sehen, schielen. Vielleicht wird auch eine leichtfertige Dirne, weil sie nach den Männern schielt, im Volke schicks *f.* genannt. Sicher hat das sächs. tschäkig gebogen, gekrümmt dieselbe Wurzel mit schäckes.

schägen *v. a.* 1. die Schuhe anziehen. In dem seltsamen Ausdrucke: mit der ganzen Gemeinde geschuht (sächs. geschägt) sein, d. i. mit allen Bewohnern des Dorfes in Freundschaft stehen, hat sich wohl eine dunkle Erinnerung an den altdeutschen symbolischen Rechtsbrauch, nach welchem der adoptirte oder legitimirte Sohn in den Schuh des Vaters treten musste, der Braut zum Zeichen, dass sie in die Mundschaft des Mannes trete, ein Schuh überreicht wurde u. s. w. erhalten. Vergl. Weinhold deutsche Frauen a. a. O. S. 228. J. Grimm deutsche Rechtsalterthümer S. 155 ff. So gehört denn der Ausdruck mit dem auf dieses Symbol bezüglichen: mit Jemanden in den Schuh steigen zusammen. Gleichen Ursprung hat auch das sächsische Wort sich ousschägen, die Schuhe ausziehen, in seiner figürlichen Bedeutung: den Groll fahren lassen, sich versöhnen. 2. *v. r.* sich sputen, sich anstrengen, eilen, laufen ns. schechten aus aller Macht laufen, mhd. schehen rennen.

schämerlich *adi.* ungeheuer, gewaltig. Als verstärkendes Umstandswort entspricht dem d. schmälich, z. B. schmälich gross u. s. w., und dem mhd. schamelich, schemelich, was Scham erweckt, während dagegen das sächs. schumerig, geschumerig *adi.* die Bedeutung von schamhaft hat.

schämpes *n.* der Abtritt, das heimliche Gemach. Für den An-

schluss an Schund, Unflath in einem Kanal, und die Uebersetzung
durch Schundhaus sprechen die deutschen Ausdrücke: Kackhaus ns.
Schiethaus (von Schite, Dreck) Schundgrube, Schundfeger, sächs.
Schämpesfieger, Dreckfeger, Abtrittsräumer.
schank *f.* s. fôren. Die ursprüngliche Bedeutung des Wortes
lebt noch in schankig, knochig, starkknochig unverändert fort.
schankefôrer s. fôren.
schanckíǵ s. schanck.
schärrhübes *m.* s. hûbes.
schûsselt *n.* die Vogelscheuche, auch hd. das Scheuchsel,
Scheusal genannt, von dem mhd. Scheuze, Abscheu. Daher schön wie
ein bireschâsselt, d. i. wie ein auf einen Birnbaum gestelltes Scheuchsel,
also sehr hässlich, sich verschâsseln, sich durch seinen Anzug
entstellen, maskiren, schûsseltmânn *m.* schûsseltfrâ, maskirter Mann,
maskirte Frau. In der zweiten Bedeutung eines leichtfertigen, flatterhaften
Frauenzimmers, bair. Schossel, Geschossel, aachn. Schassel,
gehört das Wort mit schiessen, Schuss u. s. w. zusammen.
schûsseltmân, schûsseltfrâ s. schûsselt.
schattert *m.* das Zelt, besonders das Zelt der nomadisch
wandernden Zigeuner, welche daher auch Schattertzegunnen heissen,
2. die Zeltbude. Wahrscheinlich zu dem bair. Schätter, Schetter gehörig,
welches eine lockere und undichte (sächs. schitter, mhd.
schitter) Leinwand bedeutet, die durch Ueberziehen mit Leim oder
Kleister gesteift wird.
schattertzegunn s. schattert.
schatz *m.* im Burzenlande der Dienstknabe eines Studirenden.
Schützen hiessen in der Zeit der fahrenden Schüler diejenigen, welche
von den ältern, den sogenannten Bacchanten unterrichtet wurden.
In einem alten Glossar steht tirones, schutzen, vielleicht durch eine fehlerhafte
Ableitung von dem romanischen tirare, schiessen. Die Wurzel
ist wohl in schützen, hüten, besorgen zu suchen.
schiewleng *m.* eine Art lederner Handschuhe, das mhd.
schiebelin was man an- oder einschiebt, der Aermel, von schieben,
aachn. schuve.
schickeln s. schäckes.
schicks s. schäckes.
schîn *adi.* sauber, fein, z. B. schîn Hemd, feines Hemde, schîn
mâchen, z. B. Kukurutz, die Kolben des Wälschkornes ausschälen,
ausschlauen, schîn sängen, mit einer feinen Stimme singen (wel der
iesel schîn sängt, möss em en net zem Cantor mâchen, d. i. weil
der Esel eine feine Stimme hat, muss man ihn deswegen doch nicht
zum Cantor machen, sagt ein sächs. Sprichwort) — nicht sowohl
von schön (sächs. hiseh d. i. hübsch) sondern von dem mhd. schin
glänzend, strahlend, offenbar, sichtbar, Schin, der Glanz, Schein. Dieselbe
Wurzel hat auch auch das sächs. schinklich, ausserordentlich,
ungeheuer, z. B. e' schincklich Wangder, ein ungeheures Wunder.
So heissst mhd. Schinlich, das Ungeheuer, portentum monstrum, weil

es in die Augen fällt. Auch hd. heisst ein auffälliges Wunder, ein scheinbares Wunderzeichen, und in die Augen fallende Kleider werden scheinliche Kleider genannt. Eine mundartliche Nebenform unseres Wortes ist schoiuklich.
schinkich s. schîn.
schîrdaćh n. feines Tuch, von dem mhd. schier, schir westerw. schein, glänzend, bloss, rein. So heisst ein lose gewebtes Kammertuch ns. Schierdook (Schiertuch).
schlwwer f. der Splitter, das Blätterige, Abblätternde, südd. Schiefer mhd. Schewer, engl. shiver. Die Wurzel ist noch in dem bair. scheiben, spalten. erkennbar. Von schiwwer stammen: schiwwerig adi. splitterig, reizbar, zornig, bair. schieferig, und Schiwwerhüwt, ein Querkopf, bair. Scheifernickel, Schieferwastel, schiwwerhüwdig, starrköpfig, querköpfig, wörtlich: wer Splitter im Kopfe hat.
schiwwerhüwt, schiwworig s. schiwwer.
schloddersoff m. der Krätzer, ein saurer, dünner Wein. Westerwäldisch wird ein dünner Brei Schladerwall, und in der Schweiz eine schaale Brühe ohne Kraft eine Schluderbrühe genannt. Alle wurzeln in Schluder, Schlub, Schlamm.
schnapp f. das äusserste Ende eines Dinges, besonders in der Verbindung: af der Schnapp stohn, auf der Kippe stehn, in Gefahr zu köppen sein, fig. in den letzten Zügen sein, gehört mit dem bair. Schneppen, Schnepp, der Rand (stelle das Glas nicht an die Schnepp u. s. w.), zu schnappen. In der davon gebildeten Schelte eines Menschen, der sich unruhig hin und her bewegt: Schnappgökel, ist göckel ein im Sachsenland nicht ungewöhnlicher Personenname aus Jack, Jakob entstellt, und wird wie in Schmutzjack, Schmutzjackel appellativ gebraucht. In gleichem Sinne wird auch ein willenloser Mensch ohne Energie ein lîmgökel m. Lehmjackel genannt.
schnappgöckel s. schnapp.
schnapphübes s. hübes.
schnâweln s. nôschnâlen.
schniewen v. n. misrathen, nicht gerathen, besonders von Feldfrüchten, daher denn auch ein Misjahr oder Fehljahr schniewjohr heisst. Von dem mhd. Snabe, Mangel, snaben, bair. schnaben, Mangel leiden.
schniewjohr s. schniewen.
schnipel m. der Frack, der Gallafrack. Auch in der Würzburger Studentensprache ist Schnippel, der Frack, und dann der Stutzer, Elegant, von Schniep schmaler Streif, Stirnband, ns. Snibbe Snebi, spitzzulaufendes Läppchen von Flor oder feiner Leinwand, hd. die Schneppe, Schnippe, etwas spitzzulaufendes, schnabelförmiges. Ein ähnliches Bild liegt der sächsischen Benennung des Fracks, Schwolweschwânz m. Schwalbenschwanz zum Grunde.
schnopperes s. hübes.
schnüd adi. schlank, dünn, hager, von dem mhd. snôde,

knapp, ärmlich, gering, krank, verwandt mit dem ns. sneidig, geschlanck, bair. schneddig, schlank, von Bäumen und Menschen.
schnuoseln s. schnuseln.
schnuseln *v. a.* naschen, ns. snusseln, von Snuss, aachn. Schnutz, Schnauze, mhd. Snuze. In Trier heisst schnaasig, 1. einer, der gern Leckerbissen isst, 2. eine Speise, welche durch ihr äusseres Ansehen die Esslust reizt.
Gebroden Speck nor kond ed sein;
so schnaasig roch ed on so fein.
Laven a. a. O. 135. Von schnuseln kommt schnuslerâ, *f.* ns. Snusselije, das Naschwerk. Im Lippischen bedeutet Schnuiserügge mancherlei Esswaaren. Dieselbe Wurzel hat auch schnuoseln *v. n.* durch die Nase reden, näseln, nieseln, heneb. schnudeln.
schnuslerâ s. schnuseln.
schöbbian s. skabännz.
schömmer *m.* nennt man die fieberhafte Empfindung, von welcher man nach zu hastigem Genusse, besonders von fetten Speisen befallen wird, und schömmern *v. n.* von dieser Empfindung befallen werden. Ohne grade gegen die gewöhnliche Erklärung des Wortes aus dem gleichbedeutenden ungr. tsömör auftreten zu wollen, dürfte doch das ns. Schimmer, das Schimmern vor den Augen nicht ganz zu übersehen sein. Ohnehin kommen verwandte Bildungen in der Mundart vor. S. beschömmert.
schömmert s. beschömmern.
schöppzügel *f.* die Dachziegel, von dem mhd. Schupfe, ns. Schupp, bair. Schopf, das Wetterdach, daher schweiz. schupfen, schuppen, ein Dach mit Schindeln bedecken.
schöss *f.* der Dachspan, die Dachspliesse, engl. shid die Schindel, von shed, mhd. schiden, spulten.
schrîden *v. n.* 1. schräge über ein tiefes Gleis fahren. 2. die Speichen eines Rades schief richten. Von dem mhd. und ns. schrad schräge, daher schweiz. schreiden, ns. schraden schräge schneiden.
schrôtes *n.* das Waschfass, die Waschbutte, von schroten in der nun veralteten Bedeutung: aushöhlen, daher verschiedene hohle Gefässe in einigen Gegenden von Deutschland den Namen Schrot haben.
schuttakarabora s. schuttig.
schuttig *adi.* verzaust, von dem mhd. schütte, dicht, gedrängt. In der Schelte Schuttakaraborra scheint das mhd. Kilber, nhd. chilpurra weibliches Schaf zu stecken. In der That werden dichte und verzauste Haare Schafwolle genannt.
schwêches *n.* s. lötchef.
schwünzeln s. schwünzen.
schwünzen *v. n.* auf dem Eise gleiten. Gehört mit dem sächs. schwünzeln *v. n.* müssig oder stutzerhaft einhergehen, bair. schwanzen, schwanziren zusammen
— der lieber auf der Gass schwanzirt,
Denn dass er in den Büchern studirt

heisst es in einer alten Predigt. Schmeller setzt diese Wörter mit schwanken zusammen, und vermuthet als ihre ursprüngliche Bedeutung: den Leib auf eine nachlässige oder gezierte Weise schwanken lassen.
sĭfklĭder *n.* das Seifenwasser, aachn. der Lötter, also verkürzt aus Sĭfgelĭter (s. glâter). Die Wurzel ist in dem mhd. Loter, Luter, Koth, daher bair. Luder, unreines Wasser, Löder unreines Wasser vom Waschen oder Baden.
sĭpern s. sĭwer.
sĭwer *m.* der Speichel, der Geifer, mhd. und aachn. Sciver; ns. Sever, westerw. Seiber, bair. der Seifer; mit dem Zeitworte sĭwern *v. n.* bair. seifern, ns. severn, geifern, speicheln. Gleiche Wurzel hat auch das sächsische sĭpern *v. n.* aachn. siefe ns. sipen, sipern, tröpfeln, sickern.
sĭwern s. sĭwer.
schumerig s. schämerlich.
schwêches s. létchef.
schwolweschwänz s. schĭpel.
skabännz *f.* Schelte einer bösen Frau, wurzelt mit dem aachn. gemeinen Schimpfnamen: Schabboos, Schabbhas, der sächsische Schelte schôbbian d. i. schabiger Hans (wie Grobian, Dummian, grober, dummer Jan, Hans) in Schabe, aachn. Schabb Krätze, und bedeutet also soviel als: Auswurf, Scheusal u. dgl.
skätz *f.* Schelte einer dürren, mageren Frau. So nahe auch bei der Untersuchung dieses dunkeln Wortes phonetisch die nordischen Riesennamen Skass, Skessa liegen, welche auch von Hexen gebraucht werden, J. Grimm deutsche Myth. 993, so würde doch die Beziehung eines fremden Wortes kaum zu rechtfertigen sein. Wahrscheinlicher ist der Zusammenhang mit Schatten, altd. Srade. Der Schatten ist ein bekanntes Bild der Abgezehrtheit.
söggel *m.* 1. in weiterer Bedeutung eine Art Frauenmantel. So erscheint z. B. in Hermannstädter Zunftstatuten von 1485 der blêsch Sitel (walachische Sitel) mit zweierlei Berteln und mit Blumen. Seivert a. a. O. 29; 2. ein mit Gold und Silber verzierter, oft auch mit Sammetstreifen und Tressen besetzter Rock, welchen ehemals Bräute in den Städten am Trauungstage zu tragen pflegten, in Zunftstatuten des fünfzehnten Jahrhunderts: „Nerremberger Seydel" genannt. Seivert a. a. O. 30. Nach den Umlautungsgesetzen der Mundart schliesst sich das Wort an das mhd. Sei, Seit, rothgefärbtes Wollenzeug oder Seidenstoff vgl. Weinhold deutsche Frauen a. a. O. 420 f. Verwandt ist der Form der Kleidung nach das in der Nibelungenklage, und im Tristram vorkommende Sigelat, Siglat, ein kostbarer Seidenstoff mit eingewebtem Golde von dem lat. cyclas, in romanischen Sprachen sisclaton, sisclato, franz. siglaton, sigleton, Weinhold a. a. O. 423 ein Staatskleid der Frauenzimmer mit einer rund herum gehenden Einsetzung von Gold oder Purpur, oder beiden zugleich.
späwät *f.* die Spinnwebe, das Spinnengewebe, bair. die Spinnenwät, von dem mhd. Wat, Kleid, Zeug.

splechtegang m. s. Kalwerburg.

spirkel m. der Februar, Hornung, mhd. sporkel, der sechzehnte Tag des Februars daher dieser selbst Sporkelmonat holl. Sporkel, aachn. Spörkel heisst. Der spürkel drift ald (schon) Knoppen (Knospen) fresch Die Meis pipst mödig (lieblich) em Gebösch singt ein rheinfränkisches Lied bei Frommann a. a. O. 5. 517. Die früher versuchte Ableitung des Wortes von einem angeblich im Februar gefeierten römischen Feste spurcalia, dessen Bestand im Alterthume sich aber nicht nachweisen lässt, hat schon J. Grimm, Geschichte der deutschen Sprache 1. 90. seltsam genannt. Dagegen aber spricht für die Ableitung von dem mhd. spuren, nass sein, faulen, Spork, der Koth, der Name Hornung, welchen der Monat als Thaumonat führt, und dessen Wurzel in dem mhd. Hor Koth liegt. In spuren, nass sein, wurzelt auch das sächs. spurzen, spucken.

spölle gohn, zur Unterhaltung aufs Nachbardorf gehen, henneb. spiell gehn, westerw. spölle gehen. bair. zu Spill gehen oder bloss spill gehen, auf einen Schwatz ausgehen, von dem mhd. spel (bair. Spellen) Rede, Sage, Fabel, spellen, plaudern.

sprängel m. ein dicker Stock vom Gestrüppe, schweiz. der Sprangen, bair. der Sprand, Spranz, das splitterige, keilförmige Ende ist, eines Baumstammes, an welchem er von seinem Stocke abgehauen mhd. Sprinz, Splitter, fissura.

spürkel s. spirkel.
spurzen s. spirkel.
städer s. stât.
städpen s. gestäpp.

stât f. die Rossherde, Pferdeherde, mhd. Stuot, Versammlung von Zuchtpferden, Herde, bair. die Stuet; daher der Städer, der Rosshirte, mhd. stuotäre, mulio.

stibes m. Schelte eines kleinen Menschen, jedoch mit dem Nebenbegriffe der Kraft. Wurzelt wohl mit dem aachn. Stief, ein dicker Junge, ein dickes Mädchen in dem mhd. stewen, stauen, und gehört daher mit steif zusammen. Denselben Ursprung hat auch das sächsische stiwwelig, welches in Verbindungen wie stiwwelig vôl, stiwwelig nackt, ganz voll, ganz nackt u. s. w. verstärkend gebraucht wird. So sagt man auch hd. steif essen, steif trinken, stark, viel essen, trinken u. s. w.

stirzen s. sturdig.
stiwwelig s. stibes.

störhäzel m. Schelte eines kleinen, verbutteten Menschen. An der Identität der zweiten Worthälfte mit dem sächsischen Worte häzel m. ist wohl nicht zu zweifeln. So heisst die Grille; in der vielfachen Zahl häzeln werden in Michelsberg auch gedörrte Birnen so genannt. In beiderlei Bedeutung gehört das Wort mit hutzeln, einschrumpfen, zusammenschrumpfen, zusammen. So wird spottweise auch anderwärts eine unansehnliche Person, und in Trier eine vom

Alter eingeschrumpfte Person Hozzel genant. Mit „Engelchen" beginnt in einem artigen Gedichte von Laven a. a. O. 94. die lange Reihe von Kosenamen; aber — klagt das Mütterchen am Abend des Lebens

   All mein Döhr — on Blumenömen
   Wören eidel nör on leer!
   Jezzd sein eich en örrem Hozzel,
   Ond derbei en örrem Döhr.

Stor kommt in der Bedeutung von starr, kräftig auch in der Trierer Mundart vor. Verbindungen, wie starrblind, das holst. stuurdreigt sehr trocken u. s. w. sprechen dafür, dass es auch in unserm Worte eine verstärkende Kraft hat.

sturdig *adj.* störrig, grob, flegelhaft engl. sturdy, ns. starrig, sturrsk, zu starr (vgl. Starrkopf) gehörig. Ob nicht das Wort stirzen, welches in dem Liede eines Waisenkindes vorkommt:

   Wol gibt der Wängd, wol schökeln de Birken;
   wol vil wärren (werden) es de Fremde stirzen!

Haltrich die Waisen- und Stiefkinder a. a. O. 29. auch zu sturdig gehören, und die Bedeutung: störrisch, grob behandeln haben mag?

T.

tâber *m.* das Feldlager, mhd. Täber die Wagenburg, böhm. und ungar. tábor das Lager, schwäb. Taber ein fester Ort. Hieher gehört auch **tâberstaul** *m.* der Feldsessel, und **tâbern** *v. n.* mit der mundartlichen Nebenform tâbern *v. r.* sich lagern.

tâbern s. tâber.

tâberstaul s. tâber.

tackeln s. täckeln.

täckeln *v. n.* geheimhalten, Ausflüchte machen, mit geheimem Betrug umgehen, mit den davon gebildeten Hauptwörtern täckler *m.* und getäckel *n.* von dem mhd. tougen, tougenlich altd. toukan, toukanlichun geheim, heimlich, tongen, tongilon geheimhalten. Analoge Bildungen sind das henneb. tuckeln. mit heimlichen Betrug umgehen, schwäb. daukeln, duckeln. Dagegen stammt das lautverwandte tackeln *r. n.* in den Händen herumziehen, tändeln, langsam arbeiten von dem altd. taken palpare, schweiz. täken, täkeln.

täcklor s. täckeln.

talesâren *r. n.* müssig herumgehen, bair. talieren, umhertalieren, der Talicrer, mhd. Talier Händler mit Schnittwaaren. Schmeller denkt dabei an das ital. tagliare, schneiden. Das davon gebildete vertalesâren heisst auf eine zwecklose Art, wörtlich durch Talieren verschwenden.

tallepalitz s. tollesch.

tampus s. betümpesen.

tapper *m.* der Theil, die Portion, besonders *fig.* seinen tapper bekommen, sein Theil, den verdienten Verweis, die verdiente

Zurechtweisung bekommen; bair. der Tapper nach Schmeller von dem franz. étappe und dem davon gebildeten deutschen Worte Etappe nach Schmidt von Tapp der Schlag franz. la tape, coup de main. **tarklich** *adi.* bunt, buntscheckig, vom mhd. tarken, mahlen, verstellen, schweiz. targgen, besudeln.

tåsert *m.* mit der Nebenform tåstert 1. der Tornister. 2. Schelte eines albernen Menschen. Die Doppelbedeutung muss aus dem Zusammenfliessen lautverwandter Wörter erklärt werden. In dem ersten Sinne stammt das Wort mit den verwandten südd. Wörtern Tauce, ein gewisses Hohlmass, Tausel, ein hölzernes Milchgefäss von dem altd. Tesca, Tescilla, Tasche; in dem zweiten trifft es mit dem Dostel der Baiern, dem Doost der Heanzen und dem Desans der Osnabrücker zusammen, und wurzelt in dem mhd. dosen, tuzen, matt sein, schlummern. Auf die nämliche Wurzel, und nicht auf Dachs, sächs. tuost ist auch die mit tåsert gleichbedeutende Schelte tuost *m.* und tuostig *adi.* dumm, albern, zurückzuführen. Er ist fett wie ein Dachs, er beisst um sich wie ein Dachs, er kalmäusert (huckt zu Hause) wie ein Dachs, sind alltägliche Vergleichungen in Deutschland; der Ausdruck: er ist dumm wie ein Dachs, ist mir nirgends begegnet.

tatsch s. tutscheln.
tatschku s. tottes.
tåwern s. tåber.
têdig s. tédigen.
têdigen *v. n.* streiten, zanken, Prozess führen, bair. taidingen, taidigen, verhandeln, unterhandeln, ausmachen, schweiz. tådigen einen Prozess durch einen gütlichen Vergleich endigen, luxemb. dagegen Prozess führen; von dem mhd. Tagedine, Teidine, gerichtliche Verhandlung, Gericht, Process. Sämmtliche Formen stammen von Tag und dingen, durch Vertrag bestimmen; daher dann tagedingen, einen Tag zu einer gerichtlichen Verhandlung bestimmen. Dem mhd. Teiding entspricht das sächs. têdig *f.* der Streit, Zank, Prozess.

têkeln *v. a.* reizen mhd. tageln, kurzweilen, spotten, von Tagalt, Takalti, Scherz, Kurzweil.
tindâle s. trândeln.
tindâlen s. trândeln.
tini *m.* 1. mundartliche Nebenform von tin, Martin 2. als Schelte der Einfaltspinsel. Der appellative Gebrauch von Personennamen ist bekannt; ob aber der h. Martin dadurch in den Ruf der Dummheit gekommen, dass er einem ihm begegnenden Bettler die Hälfte seines Mantels gegeben, ist eine nicht hieher gehörige Frage. Dass der Volkswitz aus dem Bettler einen Wirth machte, dem er ein Stück Mantel statt Geld geben musste, wissen wir aus den Reimen:

St. Martin war ein milder Mann,
Trank gerne cerevisiam,
Und hatt' doch kein pecuniam;
Drum musst' er lassen tunicam.

und mit Anspielung auf jene Legende wurde auch ein Verschwender, der sein Gut durchgebracht hatte, ein Martinsmann genannt. So könnte wohl auch ein Zusammenhang der Schelte einer zerlumpten Person Zûtlegrîth d. i. wörtlich Zottelgrethe mit der Legende vermuthet werden, dass die h. Margaretha in zerlumpten Kleidern Schweine gehütet habe.

tinkesen *v. n.* hämmern, mhd. tengeln, schweiz. dängeln, von dem altd. Tangol der Hammer.

tinku *m.* fällt dem Sinne nach mit dem tini zusammen (s. d. W.) und steht ihm auch in der Form so nahe, dass man versucht wird, das Wort als Diminutivum davon zu nehmen. Weit näher liegt indessen die Ableitung von dem mhd. tenke, denk, tenk link. Denn nicht nur benimmt sich der tinku überall linkisch, sondern tenk ist auch eine südd. Schelte für ungeschickt, unbeholfen, und e denghes Luder wird in Tirol ein dummer Tölpel genannt.

tiseln *v. n.* sich mit allerhand Kleinigkeiten zu thun machen, und so ernster und angestrengter Arbeit aus dem Wege gehen. „Er tuselt der ganzer Dach dörch gen Hus, leset de Zeidong, rauchet e Zigärche u. s. w. sagt Müller vom Bastian in der Erzählung: osen òrrme Bastian Aachen 1860. S. 12. Ausser diesem Aachner Worte gehören in dieselbe Wortreihe noch das schweiz. täseln, schleichen, auf den Zehen gehn, dasseln, dässeln, mit aller Bequemlichkeit thun, halb schlafend gehen u. s. w., deren Zusammenhang mit Dusel, duselig klar ist. Mundartliche Nebenform von tiseln ist tuoseln, daher denn auch tisler *m.* getisel *n.* mit tuosler *m.* getuosel *n.* wechseln.

tisler s. tiseln.

toches s. duckas.

tockefläcker s. tocki.

tocki *m.* als Schelte: der Einfaltspinsel, der Dummkopf, tirol. Togge, von dem mhd. Tocke der Klotz. Durch Verwechselung des Wortes mit dem in thecca wurzelnden tock *f.* die Holfter hat der Volkswitz den Tockefläcker d. i. den Holfternflicker zum Genossen des Tocki gemacht. So ist nach neuern Forschungen durch spielende Verwechselung von Burscht, Bursch, Gelage, und Bürste auch der Bürstenbinder in den Verruf eines argen Saufbruders gekommen.

toddern *v. n.* stottern, onomatopoetische Wortbildung, wie das ns. doddern, dottern u. s. w.

> Mei Pa—Pabben to—toddelt
> Mei Ma—Mammen to—toddelt,
> Das Lob-orchen to—toddelts
> Eich to—toddeln allaan nôdd

heisst es in einem Trierer Gedichte bei Laven a. a. O. 142. So wird denn auch die etymologische Bedeutung des sächs. dodderzen *v. n.* sein: so heftig frieren, dass man stottert.

toggmälen *v. n.* handeln, markten, dingen; etymologisch: Handarbeit, Frohnarbeit miethen, von dem mhd. Tagewan, Tagwan, schweiz. Tagmen das Tagewerk.

tolepân s. tollesch.

tollesch *m.* als Schelte: der Tölpel, in Trier der Dalles: Ömmer stiehn ich wie en Dalles, Wenn ich ebbes maache soll, sagt die zerstreute Dienstmagd bei Laven a. a. O. Die Wurzel von diesen Wörtern und dem mhd. tulisc einfältig, ist in dem altd. tullan betrübt, schläfrig sein. In der zweiten Hälfte der gleichbedeutenden Schelte desselben Ursprunges tallepalitz ist die mundartliche Form palutz von Paul nicht zu verkennen. Tolepân *m.* kommt in dem Kinderspruche:

Et wôr emôl e mân,
dî höss Tolepân;
Tolepân höss he,
'n däcke Furz löss he

vor, welches an den holsteinischen Kinderreim:

Et weer enmal en Mann,
de heet Bimbam;
Bimbam heet he,
In de Busee (Hosen) scheet he

bei J. F. Schütze a. a. O. 1. 84 erinnert. Unstreitig ist es der Tolpjan d. i. der dumme, tölpelhafte Hans der Aachner, und führt wohl auf dieselbe Wurzel, wofern wir das Wort nicht etwa an talpen, sächs. tâlpen plump auftreten, knüpfen wollen. Phonetisch ist es mit dem sächs. Namen der Tulpe tolepân zusammengeflossen.

tor *f.* das Leichenmahl, das Leichenessen, das Todtenmahl, der Begräbnissschmaus, wurzelt unstreitig in dem mhd. turen, tiuren bair. tauern, bedauern. So heisst ns. das Leichengefolge Troor *f.* von troren, trauern.

törren *m.* mit der mundartlichen Nebenform törwen *m.* der Eigensinn, Starrsinn, von dem mhd. tor, taub, törisch, übelhörig, unsinnig, mhd. toren, racen, türmel, wild, ungestüm, ns. Toorn der Zorn.

törwen s. törren.

töttes *m.* Spottname eines willenlosen Menschen, der sich von aller Welt pudeln lässt, einer unausrichtsamen Person „Schlafhaube"; mit der mundartlichen Nebenform tatschku, hantatschku (Hans Jatschku) *m.* Beide wurzeln in Datsch, Brei, breiartiges Gebäck. So wird auch in der Pfalz ein solcher Mensch Tatsch, in der Schweiz Tötsch, Taaschd, Daaschi luxemb. Tötz, Tötsch genannt. Für die Richtigkeit dieser Ansicht spricht auch, dass töttes in dem Worte ärentöttes *m.* Eierdatsch in seiner ursprünglichen Bedeutung vorkommt.

tracksen *v. n.* die Wörter im Reden ziehen, anstossen, stottern, *fig.* zögern, zaudern, langsam sein, bair. trucken, trocken, im Reden anstossen, westerw. trucksen zögern, westerw. trucksc, tröckse nicht recht zu Worte kommen können, im Elsass tröksen, in der Arbeit langsam sein. Alle diese Wörter wurzeln in dem mhd. trechen, trecken, ziehen.

trauda *f.* spottweise Benennung einer grossen, plumpen Weibsperson, gemeind. die Strunze, die Trulle, Trolle, sächs. trulla (von trollen, wackeln). Gehört mit dem ns. Trant, der schleppende, schlendernde Gang, zu trändeln, sächs. trândeln. In derselben Weise schliesst sich auch das sächs. tindâlen v. n. zaudern, zögern, langsam und faul arbeiten, und die davon gebildete Schelte tindâle f. an tändeln, mhd. tendeliren.

trândeln s. tranda.

trâtzlich adi. vornehm, hochfahrend, entspricht dem mhd. trätzlic gerne neckend, von Traz, Aufreizung, Trotz und gehört mit dem schweiz. trûtzeln, zum Zorne aufreizen, hämisch ausspotten, necken, sticheln, trützelig neckisch zusammen.

tristen v. n. seufzen, stöhnen, mit dem von Trost sächs. trûst, truist m. gebildeten trûsten, truisten v. a. trösten nicht zu verwechseln. Verwandt sind unserm Worte das schweiz. treissen, tryssen sich übel befinden, und das Uebelbefinden durch ein zwar nicht lautes, anhaltendes Klagen oder Aechzen äussern, schwäb. dreissen, klagen, jammern. Alle gehören zu dem altd. driozan, unmuthig über etwas sein, Ekel empfinden, dem mhd. driêzen, lästig sein und den davon stammenden Wörtern verdriessen, verdriesslich u. s. w. zusammen.

trobben m. eine Menge beisammen befindlicher Dinge z. B. von Pflanzen einer Art u. s. w. bair. der Trauppen, gehört zu Traube, welches ursprünglich auch eine Masse zusammengefasster oder nebeneinander befindlicher Dinge, besonders Beeren bedeutete.

trulla s. tranda.
tschâkig s. schäckes.
tschocken s. mängelâchen.

tschottlopottle m. spottweise Benennung eines Einfaltspinsels, Tölpels, Schafkopfes. So heisst schweiz. Tschändi, Tschäuli der Einfaltspinsel, Tschândeli, eine gute einfältige Weibsperson, tschudeln, eine Arbeit nachlässig verrichten, tschudelig, eilfertig und nachlässig, schwäb. Schandel, Schudel ein übereilter Mensch, tirol. Tschatt ein einfältiger, unbehilflicher Mensch, tschâttet, ungeschickt, wie alte Leute, tschatteln langsam, schleifend gehen, und tschatt'l, tschascher, ein guter, alter Mann.

tumpes s. betümpesen.
tuost, tuostig s. tûsert.

tutscheln v. n. oft betasten, in weichen und breiartigen Körpern mit der Hand herumfahren, bair. taschen, täscheln, tätscheln, tasten, berühren. schweiz. datscheln und bei Göthe tätscheln („sie glaubten mich wundersam zu unterhalten, wenn sie an mir mit der Hand herumtätschelten".) Alle wurzeln in Datsch (sachs. tatsch f.) der Schlag, daher schwäb. dätscheln, sanft, liebkosend schlagen.

U.

Un *subst.* in der Redensart: un dân sich sehnen, bair. And, bei Horneck u. a. m. noch die Ant Schmerz. Gefühl des Fremden, Ungewohnten, Sehnsucht — Ant tuon einem, ihm das Gefühl des Ungewohnten, Fremden verursachen.

unzäckig s. zick.

uolrang *m.* der Gassenjunge, ohne Zweifel nichts als mundartliche Form des mhd. Namens einer Zauberwurzel, welche unter allen oben ansteht, Alrun, Alrune. Dass diese Wurzel persönlich gedacht wurde, hat nicht nur J. Grimm, deutsche Mythologie 1159, nachgewiesen, sondern es finden sich auch im deutschen Volksglauben und in deutschen Volkssagen Spuren davon. So heisst im Sucerlande und in Ostfriesland der Kobold Alrun, und wird als ein kleiner, fusshoher Kerl gedacht, den man in eine Spinde einsperrt, bis er so stark wird, dass er seinem Wirthe ein ganzes Fuder Heu im Munde zutragen kann. Kuhn und Schwarz a. a. O. 423 und nach bairischem Volksglauben ist der Alraun ein weisses, behaartes Männchen, das als spiritus familiaris sehr hoch gehalten wird.

Ins kleinste Büchserl hinein
Dies Teuferl, vulgo der Alraun,
Schmeisst Batzen zum Erstaun,

sagt ein Volkslied, und ein hinterstelliger Beamter schob die Schuld des Kassendiebstahls auf den Alraun, Schmeller a. a. O. S. 97. Nach der auch von Grimm a. a. O. 375 f. getheilten Ansicht Schmellers ist vielleicht auch das aliorumnale magae des Fomandes als Entstellung von Alrun zu betrachten. Wie im Sachsenlande, so ist endlich auch in einigen Gegenden des nördlichen Deutschlands: du Arönken! eine schwere Schelte. F. W. Wolf Zeitschrift für deutsche Mythologie und Sittenkunde. Göttingen 1854. 8. B. 1. S. 461. Wenn Woeste dabei an Aaror denkt, so ist das irrig: die Bedeutung Alraun steht fest. Frommann a. a. O. 1. 461.

ürätt *m.* in der Verbindung: um ürätt, an der Reihe, preisgegeben. Uralt ist das mhd. Antreite die Ordnung.

urz *f.* im *pl.* Urzen, die gröbern und kleinern Abfälle des Futters, welche das sattgewordene Vieh verschmäht ns. Ort, Ordels, bair. die Uräss, an der Eifel Urzel, mit dem dazu gehörigen Zeitworte verurzen, das Futter, die Speise verschmähen, gemeind. uracsen, schles. urschen. Alle schliessen sich an das mhd. uretzig, ekel, fastidiosus, und sind nach Weinhold a. a. O. auf das gothische uzitan, altd. urezan herausessen zurückzuführen. Wie das sächs. verurzen, so wird in Trier auch Urresch vom Essen gebraucht.

Mer brauch nödd grod gebrode Gäns,
Su gans off ennmahl zu verschlöcke,
Mer ka' möcht guden Urreschen
Sich grod so gud de Moge spöcke.

Laven a. a. O. 161. In der sinnschweren sächsischen Schelte Wärld-

oder **Welturz** f. erscheint Welt verstärkend. Wie das Weltwunder ein Wunder ist, welches die ganze Welt dafür erklärt, so bezeichnet jener Ausdruck einen Menschen, von dem sich die ganze Welt, seiner überdrüssig und satt, abwendet.

ûsken n. die Eiterbeule, diminutive Form des mhd. Eiz, bair. das Aiss, das Geschwür, die Eiterbeule.

ûwerrämpeln s. gerämmelt.

ûzeln v. a. leicht quälen, bair. Einen utzen, zum Besten haben, die Utz, eine Person, die gerne vexirt, an der Eifel Utz, der Spott, aachn. utzen, hutzen, spotten, schwäb. hussen, übel mit einem umgehen, huzzeln, quälen, ausspotten. Schwenck vergleicht damit das althd. nozunan, verachten.

V.

verbêfeln v. a. verblüffen, in Trier verböbeln.
verböbel mich nödd,
On lös mich gewährd,
Sonsd brennd mer noch ön
De Brei off dem Hährd,

Laven a. a. O. 141, mit dem davon gebildeten Hauptworte Verbôbelonk. Wir nehmen keinen Anstand das aachn. babbele, bubbele, unverständlich oder durcheinander sprechen, viel und unnütz plappern, plaudern, schwatzen, Babbeler, Bübbler, Babbelhans, Schwätzer, Plaudermaul, die Babbelei, Bubbelei, das Gebabbels, Gebubbels, Geplapper, Geschwätz zu vergleichen, und die Wurzel in dem mhd. babeln, plaudern, plappern zu suchen. Als ursprüngliche Bedeutung ergibt sich daher: durch Geschwätze, Geplapper irre machen.

verbläckt s. bläck.

vergeiseln v. a. kleine Kinder in Abwesenheit der Mutter hinhalten und besorgen, dass sie schweigen. Schliesst sich zunächst an das sächsische goiseln, schön thun, schmeicheln, u. das Beiwort gâsig, goisig, kindisch, von gâs f. die Gans; daher denn auch sächs. gâsen, v. n. bair. gänseln, plappern, plaudern, und luxemb. begôschen, ganshafter Weise überreden heisst. In Trier heisst die Zerstreuung Vergeiselonk.

verlappeln v. a. verschwenden, s. versâbeln.

vermâdeln s. mâdrig.

versâbeln v. a. verschwenden, durchbringen, wurzelt in dem mhd. Zabel, die Tafel zum Würfelspiele, zabeln, jocari, Zabelbret, Spielbret, daher eigentlich: durch Spielen durchbringen. Das sinnverwandte sächsische verlappeln wurzelt in lappen, lecken, naschen, und entspricht dem hd. verleckern.

vertukescht adi. verstockt, unempfindlich, gehört wohl mit dem mhd. tulisc zusammen. S. tollesch.

W.

wâl *m.* der Schleier, mhd. Veile, Vule, bair. Weil. Wael, der Schleier der Nonnen, schweiz. Weile, der Kopfschleier, franz. voile, lat. velum.

wälzig s. wêlzig.

wând *adi.* nicht ganz voll, besonders von Gefässen, die mit geistigen Getränken gefüllt sind, ns. wan, wann, daher in einigen deutschen Mundarten der Geschmack eines in dem nicht ganz vollen Fasse verdorbenen Weines, der Wahner heisst. Im allgemeinen bedeutet das mhd. wan, nicht voll z. B. von dem Monde, und mit dem Begriffe des Mangels in den hochdeutschen Wörtern Wahnsinn, Wahnwitz, Wahnkorn u. s. w. über den Ausdruck wând stohn s. unten wôn.

wândereng *f.* heisst eine Webe Leinwand von 16 Ellen von dem mhd. Want, ns. Wand, Tuch, daher auch das Gestelle, worauf die Tücher gespannt werden, ns. Wandraam heisst.

würdurz s. urz.

weisherr *m.* im Sachsenlande der Amtstitel von Gerichts- und Verwaltungsbeamten. Wie ganz nahe auch die Anknüpfung an das d. weise, sapiens liegt und sowohl durch die urkundlichen Amtstitel prudens ac circumspectus, als auch durch die üblichen Amtstitel: weiser Herr, erweist (Euer Weisheit) und Steigerungen, wie ervürsichtweist, ernamhaftweist m. d. Euer Fürsichtsweisheit, Euer Namhaftweisheit u. s. w. gestützt werden kann; so ist doch gar nicht unwahrscheinlich, das Wort mit weisen, in etwas unterrichten, belehren, und weis machen, in der gleichen, nun veralteten Bedeutung, in Verbindung zu denken. Wir glauben, dass die Beamten ursprünglich aus dem Grunde Weisherren genannt worden sein mögen, weil sie als Scheffen weis machten, was in einem oder dem andern Falle recht sei. Dafür sprechen die in niederrheinischen Weisthümern häufig von den Scheffen gebrauchten Ausdrücke: weis machen, weissen. J. G. deutsche Weisth. 2. 133. 173 u. s. w. Weisthum, d. i. Inbegriff der geschriebenen, und der Gewohnheitsrechte einer Gemeinde, und der Bremische Name der vier ältesten Rathsherrn: Wietherrn, von wieten, mhd. wizen, strafen. Dabei wollen wir indessen gerne zugeben, dass die Verwechslung von weis und weise sehr frühe stattgefunden habe. So begegnen uns die Ausdrücke: ehrsame und weise Herren u. s. w. schon in Schriften des fünfzehnten Jahrhunderts.

wôlzig *adi.* mit der mundartlichen Nebenform wâlzig, herbe, widrigschmeckend, von wildem Obste und dgl. von dem mhd. wüllen, Ekel verursachen, walgen, Ekel, Brechreiz haben, daher ns. walgigt, Ekel erregend.

wérwel *m.* der Drücker an dem Schlosse, die Klinke, die Thürschnalle, von dem mhd. wirben, drehen, Wirbel, Wirwel, das, was sich umdreht, der Kreis, die Scheibe. So heisst auch bair. die Drehhandhabe zum öffnen von Schlössern und dgl. Würfel.

wiessig, wêssig *m.* die Molken, westerw. der Wässig, luxemb. wazzeg, mhd. Wazzich von Waser, schwäb. wäs scharf.
widducht *f.* die Krankheit, mhd. Wetag, pl. Wetage, bair. Wehtag, Siechtag.
willstîn *m.* der Herdstein, die Herdplatte, Feuerplatte, mhd. Wihelstein, der Brandstein, taedifer, lapis in quo ponuntur taedam; pranteysen, von dem mhd. Welle, Reisholz, jede bogenförmige Gestaltung, daher schweiz. Well, Kessel, Williloch, die eingemauerte Höhlung oder Grube, worin der Käsekessel über das Feuer gesetzt wird.
witten *v. r.* sich mit Anstrengung hin und her wenden, um frei von etwas zu werden, ringen, von dem mhd. wid, bair. widen, ein aus Baumästen gedrehtes Band, die Wiede; mhd. widen, drehen, Weiden binden.
wodjeln *v. n.* sich in verworrener Menge bewegen, mit dem davon gebildeten Hauptworte Gewodjel, *n.* das Gewühle, Gewimmel, bair. wuedeln, wueteln, von dem mhd. wadeln, fluctuare.
wôn *n.* die Hoffnung, daher wôn gim, Hoffnung geben, mhd. und bair. Wan, die Hoffnung, Erwartung. Hängt die Redensart: Jemanden „wând" stehen, Jemanden nicht nachstehen, gleich sein, wohl damit zusammen und bedeutet der Hoffnung, Erwartung stehen?
wuot *f.* das Fischnetz, Wurfnetz, mhd. ist Wate ein kleines Zugnetz, bair. die Wat, ns. Wäde, vielleicht von waten, weil man damit durch das Wasser watet.

Z.

zadêistern *v. n.* einschlummern, einnicken; von dem mhd. dus stille, bair. dusen, duseln, schlummern, dosen, einschlummern, ns. indusken, einschlummern, schwäb. disseln, dosen, düsen, dosmen, schlummern, tyr. dösen, eindösen, einschlummern.
zadder *f.* 1. der Lumpen, Fetzen, die Hader, daher: zaddergräch *m.* ein Grieche, der Hadern verkauft, Trödler, Zaddersopp *f.* eine Suppe aus zerklopften Eiern, hd. die Hadersuppe, das Gehäder. 2. *fig.* verächtliche Benennung eines Frauenzimmers, Schlumpe, Schludde. Mit den dazu gehörigen Wörtern zaddrig, *adi.* tappig, zotticht, zaddern *v. a.* zerren, ziehen, reissen, zezaddert, *adi.* zerlumpt schliesst sich das Wort an das mhd. zatten, zausen, ziehen und die davon gebildete Wortreihe Zote, Zottel u. s. w.
zaddergräch, zaddrig s. zadder.
zâleschen *v. n.* in Verbindung mit erämm (herum) hin- und herreisen, mit der der sächsischen Mundart nicht fremden Weglassung des inlautenden g von dem mhd. zogeln, migrare, bair. zogeln, marschiren, gehen. So wird aus Hagel sächs. hôl u. s. w.
zanger *adi.* munter, lebhaft, von dem mhd. zanger, scharf, tapfer, strenuus. „Ein Mann ze strite zanger" sagt Jaroschin, bair. zanger, scharf, räss, altb. zanger mordax, brem. tanger, bei Kilian tangher acer, acris.

zänken *m.* der schwächste, und kaum noch glimmende Feuerfunken; daher vom erloschenen Feuer gesagt wird, es sei zu „zänken" ausgegangen, *fig.* ein kleiner Theil, als Anfang oder Rest einer grössern, in Redensarten, wie, nöt en Zänken, nicht ein Fünklein, bis zu den letzten „Zänken", bis auf den letzten Funken u. s. w. Von dem mhd. Zanke, Spitze, Ende, Zinke. So wird schwäb. das Zurückgebliebene eines abgebrochenen Zahnes, Astes u. s. w. der Zänk genannt, und mit eingeschaltetem w heissen kleinere, zerbrochene Zweige sächs. Zwänken.

zärren *v. r.* zanken, ns. tarren, von dem mhd. zerren, reissen. Die Vermittlung beider Bedeutungen liegt in dem gemeind. sich das Maul aufreissen. So hat auch zanken bair. die Bedeutungen, ziehen, reissen.

zältert *m.* die Stange, welche für ein weiteres Paar Ochsen ausser dem, welches an der Deichsel zieht, vorn an diese gehängt wird, die Vordeichsel, mhd. und bair. das Zieter.

zchaddelt s. horrlen.

zecklich s. zöcklich.

zelîden *v. a.* zerschneiden, zerlegen, eigentlich in seine Bestandtheile, Glieder zertheilen, von dem mhd. Lid, Glied, liden, zergliedern.

zick *f.* mit der mundartlichen Nebenform Zickermandel *m.* (Zickermännchen) ein Kinderspiel, wo diese einander bis zu einem gewissen Orte nachlaufen, und einem einen leichten Schlag geben. Das gleiche Kinderspiel führte ehemals in Nürnberg den Namen Zick, und an der Oberisar rufen die Kinder, wenn vor dem Auseinandergehen eines dem andern unversehens einen leichten Schlag zum Abschiede gibt: Zeckel, Zickel oder Zicknl. In dieser Bedeutung entspricht das Wort dem mhd. Zuc, Tuc, ns. Tukk, schnelle Bewegung mit dem Finger, Schlag. In dieselbe Begriffsreihe gehören: das Zeitwort zicken, einen leichten Schlag geben, mhd. zecken lacessere verberibus ludendo, necken, bair. zicken. Wie in der bairischen Mundart dieses Zeitwort in Verbindung mit an oder auf in der Bedeutung: leicht daran stossen, daran grenzen z. B. die Krankheit zickt an das Faulfieber u. s. w. gebraucht wird; so sagt man auch sächs. von Bier oder Wein, dass sie auf den Essig zicken, wenn sie einen Beigeschmack von Essig, einen Stich bekommen, bair. zicken, oder zickend, anzickend, anzick, anzickig, sächs. unzäckig *adi.* werden. In verwandter Bedeutung wird auch ein Mensch, der einen Zug oder Zick auf etwas bekommt, nach sächsischer Redeweise unzäckig genannt.

zicken s. zick.

zîn *m.* der Pfeil von dem mhd. Zein Schaft eines Zweiges von Pflanzen, arundo, calamus, Pfeil. Daher zînebüss *f.* die Armbrust, wörtlich Pfeilbüchse, u. zischlècht *adi.* pfeilgerade, gerade empor.

zînebüss s. zîn.

zinnebäckelchen *n.* heisst das Ziegenböcklein in einem sächssischen Thiermärchen von Bär und Ziege bei Haltrich zur deutschen Thiersage a. a. O. S. 41:

rämpel, rämpel, milestln,
menj zähn zinnebäckelchen se gór derhīm
wo die alte Ziege dem schlafenden Bären neun Böcklein, die er ihr gefressen, aus dem Bauche herausschneidet, und statt ihrer einen Mühlstein einnähet. Wenn Haltrich das. 66 die erste Worthälfte von zehn ableitet, so stützt er diese Vermuthung auf den Vers:

zähn, zähn zäckelchen (Zickelein),

welches indessen, wie wir oben gesehen haben, auch in der Verbindung mit dem Worte vorkommt. Wahrscheinlicher ist uns der Anschluss an das mhd. zannen, schmeichlig thun, greinen, grinzen, Grimassen machen. Dafür spricht wohl auch die schlesische Nebenform zinnen, den Mund aus Neid, Schmerz, Freude verziehen. Und so wird wohl auch das sächsische Zinnedökelchen *n.*, welches dem deutschen Zierpuppe entspricht, wohl eine Beziehung auf die Grimassen eines solchen Mädchens enthalten, und nicht durch Zinnpuppe zu verdeutschen sein. An zannen schliesst sich auch das sächs. zuntcheln greinen.

zinnedökelchen s. zinnebäckelchen.

zip s. zīp.

zīp *f.* der Röhrbrunnen, in andern sächsischen Mundarten Zīperbraunen *m.*; daher Zīperwasser *n.* das Röhrbrunnenwasser. Gehört mit dem südd. Zube, Brunnenröhre, dem Eifler Zip, die Spitze der Brunnenröhre, und den hd. Zipfel, Zipf u. s. w. zusammen. Gleichen Ursprungs ist auch das sächsische Zip *f.* das männliche Glied, die Harnröhre.

zīpern s. zùpern.

zipris *f.* mit dem davon gebildeten Beiworte ziprīsig, Schelten von Frauenzimmern, die geziert, affectirt und vornehm thun. Ein solches Mädchen heisst holst. Zipp, Jumfer Zipp us. zieppuscke ein sich weichlich und zart stellendes Frauenzimmer. Wir vermuthen die Wurzel in dem mhd. zafen, zafeln, zieren, putzen, dann auch schleppen.

zisemise, zisemis *f.* wird spottweise ein langsam arbeitendes Frauenzimmer, zisemisig *adi.* ein kleinwinziger, dann auch ein zimpferlicher Mensch genannt. Die erste Worthälfte wird wohl aus dem mhd. zeiz, zeize, zeizhaft, zärtlich, zart, Zeizs *m.* der Zwerg zu erklären sein. So heisst auch bair. zeisselig, zart, schmächtig, mei' Medche' des is e' zeiselig Ding, kimmt eppes anes, son is's gleich krank, sagt ein bair. Volkslied. Schwäbisch heisst zeisen langsam arbeiten. In dem zweiten Theile des Wortes ist wohl das ns. Meisse, Meiseke die weibliche Scham, (mhd. mus, musculus, hd. Maus) dann liebkosend das Mädchen, welchem das sd. Maus, Mäusche, Mäuserle entspricht, nicht zu verkennen. Verwandt ist das ns. ziskewäske, ziskezaaske, ein Frauenzimmer von vielen tändelhaften und schmeichlerischen Worten.

zittebrôch *f.* Schelte eines wunderlichen Querkopfes selten, und wohl nur im Burzenlande vorkommend. Die Vermuthung, dass die zweite Worthälfte mundartliche Form des mhd. Bregen, Gehirn sei, wird durch die niedersächsischen Schelten Dullbräge, Tollkopf, Wildbräge, ein wilder Kopf gerechtfertigt. „Ein wahnsinniges Gehirn" kommt auch bei Luther vor, und vom Tabak sagt Kästner, dass er ein weises Gehirn erheitere. Was die erste Worthälfte betrifft, so wollen wir uns hier auf die Anführung des mit zittern in dieselbe Begriffs- und Wortreihe gehörigen bair. zitten vor Aerger und Verdruss nicht reden, und der davon gebildeten Schelte Zittenscheiss, Kind welches zittet, beschränken.

zitzelschûlden s. zöddeln.
zitzelweis s. zöddeln.
zöcklich *adv.* schnell nach einander, oft, ist wohl nicht als mundartliche Form von zeitlich in einer dem Hochdeutschen fremden Bedeutung anzusehen, sondern das mhd. zueliche schnell, carptim, von zucken, nach etwas greifen.
zöddeln *v. a.* in dünne Riemen oder Fäden schneiden, z. B. Sauerkraut, Teig, daher gezöddelt krockt, gezöddelt Dîg, Zedelkraut, Nudeln, von dem mhd. zideln, und dem davon gebildeten, veralteten zeideln, schneiden, verwandt mit zeten, zedeln, sächs. zäddeln, streuen, von dessen mundartlicher Form zetzeln die sächsischen Ausdrücke zitzelweis, iu einzelnen, kleinen Portionen, und Zitzelschûlden *pl.* kleine Schuldposten abzuleiten sind.
zôken *v. a.* 1. zerren, ziehen, übel behandeln, z. B. im Kartenspiele, bair. zogen, mhd. zogen, zocken, zochen, 2. Wolle krämpeln, daher Zôker *m.* der Wollkrämpler, zôken *m.* eine Rolle Hanf, Wolle, Flachs zum Spinnen, schwäb. der Zochen, der Rocken, in deutschen Mundarten auch der Wocken, die Rupfe, ns. Wulle, Flas, perhare tocken, Wolle, Flachs, Rosshaare auflockern. Von zôken stammt zôkern *v. a.* anziehen, locken, mhd. zôhen, schles. zekern.
zôker s. zôken.
zôkern s. zôken.
zopperu s. zúpern.
zoppermölig s. zúpern.
zöss *m.* ein hohler, korbförmig zugespitzter Stein, unter welchem, wenn er erhitzt worden ist, Kuchen gebacken werden. Gehört wohl mit dem in cista wurzelnden bair. zesten m. Korb zusammen.
Zûdermämmchen in dem Kinderliede:

zû, zû, zûdermämmchen,
dränk weing ous dem Ķännchen!

während zû, zû den Laut des an der Mutterbrust (sächs. mämm, *f.* männchen *n.* hd. Memme) saugenden Kinder nachbildet, schliesst sich die erste Worthälfte an das d. suttern, silkern, tropfenweise ausfliessen. Offenbar wird die Mutterbrust mit einem enghalsigen Kruge, bair. Sutterkrug, verglichen.
zuntcheln s. zâlen.
zuogel s. pisel.
zûpen *v. a.* strafen, ist das mhd. zepelen, zabelen, baier.

zeppeln, zeppern, in die Enge treiben, foltern, strafen. Von dem mhd. Zepel, Zeppel, Lärm, Auflauf, Zwietracht, Krieg. Dagegen liegt der ähnlichen Bedeutung des sächs. zappen, welches eigentlich zupfen, dann aber auch in empfindlicher Weise, besonders mit Geld strafen heisst, der Begriff des Ziehens oder Zerrens zum Grunde, und zîpern *v. n.* ziehen, zögern, zoppern *v. a.* in unregelmässige Falten zusammenziehen, mit der davon gebildeten Schelte einer Person, die den Mund in vornehmthuender Weise in Falten legt: Zoppermöll n. und dem dazu gehörigen Beiworte zoppermöllig wurzeln in dem mhd. zafen, schleppen.

zûtlogrîth *f.* s. tini.
zwänken s. zänken.
zwifîrig s. flûr.
zwillen *m.* ein Ast, der sich in zwei Arme theilt, hd. der Zwiesel, ns. Twill, Twille, Twehl von dem mhd. zwilhen ns. twillen, spalten, duplicare.
zwittrhûrn, der Zwiedorn, Zwitter mhd. Zwidarn, Zwiturn.

Berichtigungen.

Seite	Zeile	statt	zu lesen
3	33	wissen: Gehört,	wissen, gehört,
8	39	Burgezog	Bürgezog
8	40	burchzogen	bûrchzogen
8	41	burchzogen	bûrchzogen
10	23	Blåckschlag	Blåckschlag
13	31	Mâtz	Mätz
16	19	veraltes	veraltet
23	10	schorlemore.	schorlemore,
27	45	Kneisthûbes	Kneisthûbes
28	35	Kackelbrådig	Kackelbrädig
31	3	unstreitig,	unstreitig
38	40	nef	ef
60	29	spulten	spalten
61	20	schôbbian	schôbbian
63	24	tåbern	tåwern.

Johann Carl Schuster.

Ein innigst geehrter, theurer Freund, ist mir und Allen, welche den Edlen kannten, in dem Verfasser der vorliegenden Schrift, durch den Tod entrissen worden!

Während ich noch unterm 29. April d. J. mit ihm in Betreff seiner neuesten literarischen Arbeiten correspondirte, ihm meinen, so eben aus der Presse erhaltenen, nur für Verwandte und Freunde unter dem Titel: „Mein Wirken als Verleger" ausgegebenen neuen Verlagscatalog, in welchem Seite I, 13, 15, 55, 56, Näheres über meine intimen Beziehungen zu dem nun in Gott Ruhenden mitgetheilt sind, durch die Post übersandt hatte, fand ich, von der Leipziger Messe zurückgekehrt, den Partezettel, mit der Nachricht von dem am 10. Mai d. J. erfolgten Hinscheiden meines unvergeßlichen, theuern Freundes, vor.

Auf meine Bitte um eine Biographie, hat mir die geehrte Familie des Hingeschiedenen den in der Hermannstädter Zeitung abgedruckten Necrolog des Herrn J. Rannicher, mit Zustimmung des Letzteren, zur Verfügung gestellt, welchen ich nachstehend, zum bleibenden Andenken an den Verstorbenen in den weitesten Kreisen, zum Abdruck bringe.

Fr. Aug. Credner.

...

Wir haben einen der edelsten Männer, das evangelische Schulwesen seinen besten, erfahrungsreichsten Vertreter, die deutsche Wissenschaft in Siebenbürgen den Altmeister der Dichtung und Forschung verloren.

Johann Carl Schuller, Schulrath und k. k. Statthaltereirath im Ruhestande, Ritter des Franz-Josephs-Ordens, correspondirendes Mitglied der kaiserlichen Akademie der Wissenschaften, Ehrenmitglied der Berliner Gesellschaft für deutsche Sprache, der historisch-statistischen Section der mährisch-schlesischen Gesellschaft zur Beförderung des Ackerbaues, der Natur- und Landeskunde, des historischen Vereins für Kärnthen, wie auch des Radetzkyvereins in Innsbruck, Ausschußmitglied des Vereins für siebenbürgische Landeskunde, des Vereins für Naturwissenschaften und Mitglied des Gelehrtenausschusses im germanischen Museum zu Nürnberg 2c., ist am 10. Mai 1865 aus dem Leben geschieden und wurde am 12. desselben Monats unter der allgemeinsten Theilnahme der Bevölkerung aller Stände und Classen auf dem Friedhofe der evangelischen Kirchengemeinde von Hermannstadt zu Grabe getragen.

Sein Denkmal hat er sich selbst in seinen Werken gesetzt; was wir ihm tiefbewegt hier nachrufen, will nur ein Kranz der Erinnerung sein, welchen eine dankbare Schülerhand auf die Ruhestätte des unvergeßlichen Lehrers und Meisters legt.

Schuller war am 16. März 1794 in Hermannstadt geboren, wo sein Vater, Johann Georg Schuller, ein tüchtiger Schulmann von gediegener wissenschaftlicher Bildung, das Amt eines academischen Lehrers an dem evangelischen Gymnasium bekleidete und im Jahre 1830 als Pfarrer in Großscheuern starb.

Schule und Pfarre war so recht der Familienberuf dieses alten und verdienten Geschlechtes, dessen geschichtliche Ueberlieferungen bis in die Reformationszeit hinaufreichen und den Stammsitz nach dem sächsischen Dorfe Weidenbach im schönen Burzenlande zurückführen, von wannen die Nachkommen in die Kokelgegend um Schäßburg und Mediasch und später mit dem Vater des Verstorbenen nach Hermannstadt gezogen sind, welche Stadt zu allen Zeiten tüchtige Männer auch aus der Ferne an ihre Schulanstalten berufen hat. Nachdem er auf den Hochschulen in Leipzig und Wien sich ausgebildet hatte, begann Schuller seine amtliche Thätigkeit als ordentlicher Lehrer an dem Gymnasium seiner Vaterstadt, wo er im September 1814 seine erste Anstellung fand. Hier wirkte er als Lehrer und in stufenweiser Aufrückung als Conrector und Rector durch volle vier und dreißig Jahre bis zum Schluße des Schuljahres 1848 mit so ausgezeichnetem Erfolge, daß, als er bei seiner bleibenden Verwendung im Staatsdienste aus dem Verbande der Anstalt trat, das Localconsistorium es als Pflicht erkannte, dem scheidenden Schulmanne, unter Hervorhebung der großen Verdienste, welche er um die Heranbildung der Jugend in so vielen Generationen sich erworben hatte, die dankbarste Anerkennung auszusprechen.

Er sollte eigentlich, wie es bei den Evangelischen in Siebenbürgen alter Brauch und Gesetz ist und auch seine Voreltern es gethan, durch das Schulamt den Weg zur Pfarre nehmen; er war auch öfter, wenn es der Beruf verlangte, als sehr beliebter, geistreicher Kanzelredner aufgetreten, mußte aber, in Folge einer Krankheit, im Jahre 1828 sich von dem Predigtstuhle zurückziehen und so war nun seine Thätigkeit ganz der Schule und dem Lehramte gewidmet.

Aus dieser Zeit stammen die „Schulreden," welche Schuller als Conrector im großen Hörsaale des Gymnasiums gehalten hat und, später im Drucke erschienen, einen werthvollen Theil seines geistigen Nachlasses bilden; sie sind ein lebendiger Zeuge, wie in einem reinen, gotterfüllten Herzen Wissenschaft und Gelehrsamkeit mit der Religion und dem frommen Christenglauben in engster Verwandtschaft sich verbindet und wir verehren sie darum als ein heiliges Vermächtniß.

In edlem Hochsinn bewilligte die Universität der sächsischen Nation, sich selber ehrend, dem verdienten Schulmanne eine Gehaltszulage aus den Mitteln des Nationalvermögens.

Im verhängnißvollen Jahre 1848 beurkundete derselbe in Wort und That die treueste Gesinnung und sah sich, nachdem Hermannstadt in die Hände der Insurgenten gefallen war, genöthigt, in der Schreckensnacht des eilften März mit seinem kaum noch eilfjährigen, einzigen Sohne in die benachbarte Walachei nach Bukarest zu flüchten, von wo er mit Decret des Leiters des Unterrichtsministeriums vom 23. Mai 1849 nach Wien berufen wurde, um mit seiner genauen Kenntniß des öffentlichen Schulwesens in Siebenbürgen an den Berathungen über die Reorganisirung der österreichischen Unterrichtsanstalten Theil zu nehmen. Nachdem er hier eine Reihe von vortrefflichen Berichten und Gutachten über das Unterrichtswesen seines Heimathlandes ausgearbeitet hatte, welche der Regierung wesentliche Dienste geleistet haben und wofür ihm der Unterrichtsminister Graf Thun in einem Schreiben vom 28. März 1850 auch die dankende Anerkennung ausdrückte, erhielt er die Weisung, sich wieder nach Hermannstadt zu begeben und bei dem Militär- und Civilgouvernement nach dem Bedürfnisse des k. k. Ministerial-Commissärs Ritter v. Heufler in außerordentlicher Dienstleistung sich verwenden zu lassen.

In diesem Amtsberufe ist Schuller, nachdem die Mission des Ministerialcommissärs Ende Juli 1850 vollendet war, als Fachreferent für die gesammten Schulangelegenheiten des Landes mit rastlosem Fleiße thätig gewesen, bis er, bei Errichtung der Statthalterei, am 29. Mai 1854 zum Secretär dieser Landesstelle und als später das heilsam und erfolgreich wirkende Institut der Schulräthe auch in Siebenbürgen ins Leben trat, in Folge allerhöchster kaiserlicher Entschließung vom 26. November 1855 zum k. k. Schulrathe für die Schulanstalten der evangelischen Kirche A. B. in Siebenbürgen ernannt wurde.

Die Liebe für die Wissenschaft, Bildung und Volkserziehung ließ ihn das Amt eines Schulrathes als Lebensaufgabe und als das höchste Ziel, welches er auf der Laufbahn des Staatsdienstes zu erreichen wünschte, erkennen. Er war aber auch als Schulrath so ganz in seinem Berufe, ein Priester der Humanität, welcher, durchdrungen von ächt classischer Bildung, im Lehramte ergraut, doch immer fortschreitend auf der Höhe der Zeit, überall, wohin sein Einfluß reichte, anregend und befruchtend, wie kein Zweiter zu wirken verstand und je weniger er in anspruchsloser Bescheidenheit Achtung gebot, um so mehr eine Verehrung fand, die, aus innerem Drang dem freundlichen Worte gehorchend, das Pflichtgefühl weckte, bevor noch die ernstere Mahnung daran zu erinnern genöthigt war.

Viel haben die evangelisch-sächsischen Gymnasien, die unter

seiner Aufsicht gestanden, ihm zu danken. Er hat sie mit Liebe und Erfolg vertreten, ihren guten Ruf gewahrt und gehoben, manche Unterstützung für dieselben von der Regierung erwirkt; unter seiner Aegide hat sich die Reform des Unterrichtswesens, die wir als eine theuere Errungenschaft betrachten, in naturgemäßer Entwicklung, ohne Kampf und Reibung, vollzogen, und wenn ihm dabei das oberste Kirchenregiment, unter der sorgebeflissenen Leitung seiner würdigen Häupter, des Superintendenten Dr. Binder und des vielverdienten Präsidenten des Oberconsistoriums, Freiherrn Bedeus v. Scharberg, mit vollem Vertrauen helfend entgegenkam, war dieser schöne Einklang der weisen Einsicht zuzuschreiben, mit welcher der Schulrath, als Organ der Regierung, seine richtig aufgefaßte Aufgabe innerhalb der Grenzen der gesetzlich verbürgten Rechtsstellung der Kirche glücklich durchzuführen wußte.

Sein Amt war ihm darum keine Bürde und Last; er verwaltete es wie man eine gerne und bereitwillig übernommene Liebespflicht erfüllt und nahm mit schwerem Herzen von demselben Abschied, als endlich die ermüdeten Kräfte ihren Dienst dem Greise versagten.

Auf seine Bitte wurde Schuller in Folge allerhöchster kaiserlicher Entschließung vom 21. October 1859 in den bleibenden Ruhestand mit Belassung seines vollen Gehaltes versetzt, und es hatte der Monarch über wohlwollende warme Empfehlung des Gouverneurs Fürsten zu Liechtenstein dem treuen Diener bei diesem Anlasse, in Anerkennung seines vieljährigen, durch hervorragende Verdienste ausgezeichneten, öffentlichen Wirkens, taxfrei den Titel und Rang eines Statthaltereirathes zu verleihen geruht.

Er aber harrte, auf die Ernennung eines Nachfolgers wartend, mit dem Reste seiner letzten Kräfte im Dienste noch aus, bis mit der Auflösung der Statthalterei am 23. April 1861 auch seine amtliche Wirksamkeit ihr Ende erreichte und damit sein öffentliches Leben, welches über sechsundvierzig Jahre hindurch der Schule, der Wissenschaft, dem Volke und Staate gewidmet war, zu einem würdigen, die Krone selbsterworbener Verdienste tragenden, Abschlusse gelangte.

Was der Himmel nur Wenigen vergönnt, hatte er ihm beschieden; denn es war ihm gestattet, fast bis zur letzten Lebensstufe vorzuschreiten, nach langer Wanderung mit stiller Wehmuth hinter sich zu blicken und an der Neige des schwülen Tages in abendlicher, erquickender Kühle, in dem Kreise seiner Lieben, sein edel vollbrachtes Leben zu beschließen. Sein Geist überwand die Schwäche des Körpers; Mäßigkeit baute der Krankheit vor, die ihn in frühern Jahren oft schwerdrohend heimgesucht hatte, so daß die treue, pflegende Gattin mehrmals ernstlich um sein Leben besorgt war; aber Gott hat es gnädig in seiner Hand gehalten und so sind denn die meisten seiner Jugendfreunde, ja selbst viele seiner rüstigern Schüler ihm vorangegangen. Nun ist er ihnen nachgefolgt und hat in seinen Werken der Nachwelt einen Namen hinterlassen, dessen Andenken unvergänglich in der sichern Obhut der Geschichte seines deutschen Volkes steht.

Sein Leben und Wirken wird wohl an einem andern Orte einen dem Werthe des Mannes würdigen Darsteller finden; der Schüler, welcher ihm diesen ersten Nachruf in einem Tagesblatte widmet, muß sich bescheiden, nur in leichten Umrissen einzelne Züge zu dem Characterbilde seines Lehrers und Freundes liefern zu können.

Unser Schuller —

„Denn er war unser! Mag das stolze Wort
Den lauten Schmerz gewaltig übertönen," —

gehörte zu jenen hervorragenden Männern des Landes, deren Leben nach allen Seiten hin die reichen Früchte einer edlen, gemeinnützigen Wirksamkeit mit bleibenden Spuren bezeichnen.

Voran stehen seine Verdienste als Schulmann, ebenso vorleuchtend durch die Güte und Dauer der Leistungen, als erfolggekrönt durch den weittragenden Einfluß, welchen er als mustergebendes Beispiel auf die Lehrer und als aneiferndes Vorbild auf die Schüler durch ganze Generationen hindurch genommen hat. Ihm verdankt das evangelische Gymnasium in Hermannstadt den besten Theil seiner Blüthe und des guten Rufes, den diese Anstalt genießt und ungeschwächt zu bewahren heute mehr denn je eine heilige Pflicht hat. Von den deutschen Siebenbürgern, welche dem Monarchen und Staate in ehrenvollen Stellungen dienen, sind Viele seine Schüler gewesen; mit nicht minderer Befriedigung konnte er auf den zahlreichen Nachwuchs zurückblicken, den er für die evangelischen Kirchen und Schulen und für das Gemeinwesen des sächsischen Volkes erzogen hatte. Gleiche Erfolge in so weit reichenden Kreisen wird selten ein Schulmann aufweisen können.

Seine Verdienste werden aber noch vermehrt durch die befruchtende Thätigkeit, welche er, außer dem stillwirkenden Berufe des Lehramtes, auch als S ch ri f t st e l l e r auf dem Gebiete der Wissenschaft, namentlich durch seine Forschungen in der Geschichte, den Sprachen und in dem Volksleben des Landes entwickelt hat. Was er auf diesem Felde geleistet, ist über die engern Grenzen der Heimath hinaus bis in das Ausland unter den Freunden der betreffenden Literaturzweige bekannt. Wir geben am Schluße das Verzeichniß seiner wichtigern Arbeiten und Schriften, welche bisher im Drucke erschienen sind.

Was bei seinen wissenschaftlichen Arbeiten, neben der Gediegenheit einer warmen, im reinsten Style gehaltenen Darstellung, noch ganz besonders anziehend auf den Leser wirkt, ist der seltenere Vorzug, daß überall der Geist ruhiger Betrachtung und einer parteilosen Anschauung weht, verbunden mit dem so wohlthuenden Bestreben, die Gegensätze zwischen den Völkern dieses Landes, an welchen die Geschichte bis in die letzten Zeiten herauf reich ist, in mild versöhnendem Tone zu beleuchten. So malt sich in seinen Schriften der Mensch, dessen ganzes Wesen L i e b e und F r e u n d l i ch k e i t, zwei Eigenschaften aus der Tiefe eines edlen, zartbesaiteten Gemüthes entsprungen, bezeichnen. Sie geben sich auch kund in dem werkthätigen Mitgefühle, welches die Druckwerke hervorrief, die S ch u l l e r zu Gunsten der Abgebrannten in Neppendorf und Bistritz und für die durch Ueberschwemmung verunglückten, meist romanischen Gemeinden erscheinen ließ, wodurch den Nothleidenden namhafte Unterstützungsspenden zugeflossen sind.

Seine literarischen Verdienste hatte die kaiserliche Akademie der Wissenschaften in Wien durch die Ernennung zu ihrem correspondirenden Mitgliede geehrt. Er war schon früher Ehrenmitglied der Gesellschaft für deutsche Sprache in Berlin; ist einer der ersten Gründer des Vereins für siebenbürgische Landeskunde gewesen und fortwährend einer der vorzüglichsten geistigen Träger desselben geblieben; der Verein für romanische Literatur und Bildung hatte ihn zu seinem Ehrenmitgliede ernannt.

Bei alledem hat S ch u l l e r sein ganzes Leben hindurch in Wort, Schrift und That die Principien der gesetzlichen Ordnung vertreten und mit der treuesten Gesinnung für das Regentenhaus das Großgefühl des österreichischen Staatsbewußtseins nach allen Kräften zu wecken, zu fördern und zu befestigen gesucht. Jedes Blatt seiner historischen Arbeiten kann Beweise dafür geben. In diesem Sinne hat er auch auf die heranwachsende Jugend mit dem besten Erfolge zu wirken gewußt, was um so höher anzuschlagen ist, als es mitten in den verwirrenden Parteikämpfen für Sprache und Nationalität nicht an verlockenden Stimmen fehlte, die ungescheut ihre Sonderbestrebungen an den Tag legen konnten. In der prüfungsschweren Zeit, welche mit dem Jahre 1848 hereinbrach, war er entschieden und muthig zur guten Sache gestanden, anstatt in die schützende Zurückgezogenheit harmloser wissenschaftlicher Studien zu flüchten, wozu ebenso das vorgerückte Alter, wie auch sein Beruf und sein friedfertiges Wesen ihm eine hinreichende Entschuldigung gegeben haben würde. Für seine opferbereite, patriotische Thätigkeit spricht ehrenvoll die Anerkennung des Monarchen, wodurch ihm, laut kaiserlichen Handschreibens an den Gouverneur von Siebenbürgen, Fürsten S ch w a r z e n b e r g, vom 5. August 1852, das Ritterkreuz des Franz-Joseph-Ordens, als Lohn für seine Treue, verliehen worden war.

Was aber den Verdiensten des Mannes den edelsten Werth gibt, war die anspruchslose B e s ch e i d e n h e i t, welche von einer seltenen Humanität begleitet, den Grundzug seines Characters bildete. Diese Eigenschaften machten ihn in allen Kreisen beliebt und hatten ihm auch bei den fremden Nationsgenossen des Landes begründete Achtung erworben. Man kann mit allem Rechte sagen: er hatte keinen Feind! weil seine zuvorkommende Freundlichkeit, die sich bei Jedermann gleich blieb und der reiche Schatz seines Wissens, den er dem Suchenden bereitwilligst mittheilte, allen Neid und jede Mißgunst bannten.

Die Romanen können ihm danken, daß er mit besonderer Vorliebe den poetischen Gehalt ihrer gesangreichen Sprache aufgedeckt und durch treffliche Bearbeitungen zum Gemeingute der Oeffentlichkeit gemacht hat. Mit den ungarischen Geschichtsforschern, den Grafen T e l e k i und Joseph K e m é n y stand er in freundlichem Verkehr. „Seine Werke", so hatte der letztere noch im Jahre 1845 über S ch u l l e r geurtheilt, „tragen stets den Stempel einer beabsichtigten Gediegenheit, die an das literarische Treiben eines E d e r so wohlthuend zurückerinnert; Schuller, der sich auch forschend mit Urkunden befaßt hat und Urkunden lesen sich nicht ganz so leicht wie Tagesblätter und Novellen, der sich den Historikern der alten, festen und gründlichen Schule zu nähern trachtet, der die Geschichte nicht a priori construirt, weil er seinen ehrenwerthen Vorsatz, sie erlernen und begründen zu wollen, bestätiget hat, hat durch seine critischen Studien dem jüngern Geschlecht unserer Geschichtner, die sich in unsern Zeiten kaninchenartig vermehren, ohne jedoch den Berg des Wissens gerade in seiner Tiefe immer auch zu durchwühlen, gezeigt, wie man eigentlich eine gediegene Landesgeschichte anlegen muß." In demselben Aufsatze hatte der edle, vorurtheilsfreie Graf auch die Worte niedergeschrieben: „Ich meinestheils getraue mir es offen zu sagen, daß die specielle Geschichte unserer Sachsen nicht nur in historischer, sondern auch in moralischer und industrieller Hinsicht einen Glanzpunkt (ich möchte als Ungar vielleicht gerne etwas Wenigeres sagen, doch die Wahrheitsliebe verbietet es), unserer siebenbürgischen Geschichte ausmache; alles, was im Einzelnen sowohl, als auch im Allgemeinen die specielle Geschichte unserer einstigen Leidensgefährten, der Sachsen, beleuchtet, muß daher jedem unbefangenen Geschichtsforscher von nicht geringem Werthe sein." Eben darum gewinnen auch Schuller's historische Arbeiten eine, über die Grenzmarken des Sachsenlandes hinaustretende, höhere Bedeutung.

Zur größten Dankbarkeit hat er sich aber seine deutschen Volksgenossen in Siebenbürgen verpflichtet und es knüpfte sich auch in der That an seinen Namen die Pietät einer allgemeinen Verehrung.

Wie er vermittelnd zwischen den Nationen stand, hatte er auch in Glaubenssachen, bei aller Bekenntnißtreue für seine evangelische Kirche, die ihm theuer war, doch immer den Geist einer wahren, christlichen Duldung, welche unter jeder Form den Glauben des Menschen heilig achtet, beurkundet in Wort und That und damit auch hier ein Beispiel gegeben, der allgemeinsten Nachahmung werth.

Wir fühlen es, es fehlt noch gar viel, um das Bild, das wir zeichnen wollen, würdig zu vollenden; aber der Hand entsinkt die Feder und der Quell der Worte versiegt, wenn das Auge, hinausblickend in Gottes herrliche Schöpfung, die stille Thräne der Erinnerung weint. —

Verzeichniß der wichtigeren literarischen Arbeiten von Johann Carl Schuller, welche bisher im Drucke erschienen sind:

Selbstständige Druckschriften:

1. Historia critica reformationis Capituli Cibiniensis, Cibinii 1818; des Verfassers Inauguraldissertation;
2. Gedichte aus dem Englischen des Thomas Moore, übersetzt und herausgegeben zur Unterstützung der Abgebrannten in Neppendorf, Hermannstadt 1829;
3. Argumentorum pro latinitate linguae valachicae Epicrisis, Cibinii 1831;
4. Mein Leben, critisch bearbeitet von meiner Schreibfeder, ein Ferienscherz, Hermannstadt 1839;
5. Umrisse und critische Studien zur Geschichte von Siebenbürgen, mit besonderer Berücksichtigung der Geschichte der deutschen Colonisten im Lande, 2 Hefte, Hermannstadt 1840 und 1851; vergl. dazu die Critik des Grafen Joseph Kemény in dem von A. Kurz herausgegebenen Magazin für Geschichte ꝛc. Siebenbürgens, 1. Bd. 3. Heft;
6. Das Lied vom Pfarrer, Parodie auf Schillers Lied von der Glocke, 2. umgearbeitete Auflage, Hermannstadt 1841;
7. Gedichte in siebenbürgisch-sächsischer Mundart, zum Besten der Abgebrannten in Bistritz herausgegeben, Hermannstadt 1841, Prag, Credner;
8. Beleuchtung der Klagschrift der beiden walachischen Bischöfe gegen die sächsische Nation, Hermannstadt 1843;
9. Der Freiherr Nicolaus Wesselényi und A. Gerando über die Sachsen in Siebenbürgen, apologetische Bemerkungen, Hermannstadt 1846;
10. Das k. k. geheime Haus-Hof- und Staatsarchiv in Wien als Quelle siebenbürgischer Fürstengeschichte, Hermannstadt 1850.
11. Aus der Walachei, romänische Sprüchwörter und Gedichte, zum Besten der durch Ueberschwemmung Verunglückten, Hermannstadt 1851;
12. Schulreden, Hermannstadt 1854;
13. Album aus Siebenbürgens Vorzeit und Gegenwart, zum Besten der Abgebrannten in Bistritz gesammelt und herausgegeben, Hermannstadt 1857;
14. Romänische Volkslieder, metrisch übersetzt und erläutert, Hermannstadt 1859;
15. Aus den Papieren eines alten Versemannes (Sammlung von Gedichten des Verfassers), Hermannstadt 1862; II. Aufl. Prag 1865.
16. Maria Theresia und Freiherr Samuel Bruckenthal, eine Studie, Hermannstadt 1863;
17. Beiträge zu einem Wörterbuche der siebenbürgisch-sächsischen Mundart, Prag, Credner 1865;

Sylvestergaben:

18. Zur Geschichte der Ringmauern von Hermannstadt, Hermannstadt 1854;
19. Zur Frage über den Ursprung der Romänen und ihrer Sprache, 1855;
20. Zur Frage über die Herkunft der Sachsen in Siebenbürgen, 1856; II. Aufl. Prag, Crebner 1865;
21. Herodes, ein deutsches Weihnachtsspiel aus Siebenbürgen, 1859;
22. Kolinba, eine Studie über romänische Weihnachtslieder, 1860;
23. Das Tobaustragen und der Muorlef, ein Beitrag zur Kunde sächsischer Sitte und Sage, 1861;
24. Aus vergilbten Papieren, ein Beitrag zur Geschichte von Hermannstadt und der sächsischen Nation in den Jahren 1726 und 1727 —, 1863;
25. Aus alten Stammbüchern von Siebenbürger Sachsen, 1864;
26. Zur Geschichte der Familie Zabanius Sachs von Harteneck, 1865.
27. Die Mühlbacher Verhandlungen im Jahre 1551 und Martinuzzis Ende. gr. 8. Hermannst. Steinhaußen.
28. Ein Traum. Zur Schillerfeier in Hermannst. 8. ibid.
29. An Pfarrer Ackner (Namenstagsgedicht). 8. Hermannstadt.
30. Zur Kunde siebenbürgisch-sächsischer Spottnamen u. Schelten. 8. Hermannstadt. Steinhaußen. geh.
31. Das Reformationsfest der evangel. Landeskirche A. B. in Siebenbürgen. Zum Gebrauch in der Christenlehre bearbeitet. 8. Kronstadt 1856.
32. Ueber einige merkwürdige Volkssagen der Romänen. 8. Hermannst. 1857.
33. Kloster Argisch, eine romanische Volkssage. Urtext, metrische Uebersetzung und Einleitung. 8. Hermannstadt 1858.

Abhandlungen in wissenschaftlichen Zeitschriften:

1. Georg Soterius, ein biographischer Umriß, in der Transsilvania, periodische Zeitschrift für Landeskunde, 2. Bd. 2. Heft, Hermannstadt 1834;
2. Die Mongolen in Siebenbürgen, in dem von dem Verfasser herausgegebenen Archiv für die Kenntniß von Siebenbürgens Vorzeit und Gegenwart, Hermannstadt 1841;
3. Ueber die Eigenheiten der siebenbürgisch-sächsischen Mundart und ihr Verhältniß zur hochdeutschen Sprache, a. a. O.
4. Die deutschen Ritter im Burzenlande, a. a. O.
5. Entwickelung der wichtigsten Grundsätze für die Erforschung der walachischen Sprache; im Archiv des Vereines für siebenbürgische Landeskunde, 1. Bd., Hermannstadt 1845;
6. Handschriftliche Vormerkungen aus Kalendern des 16. und 17. Jahrhunderts, Vereinsarchiv 2. Bd. Hermannstadt 1848;
7. Ueber den gegenwärtigen Zustand der historischen Studien in Siebenbürgen; Sitzungsberichte der kais. Academie der Wissenschaften, Octoberheft 1849;
8. Das Gymnasialwesen in Siebenbürgen; Zeitschrift für die österreichischen Gymnasien, Wien 1850;

9. Ueber die Leistungen des Vereines für siebenbürgische Landeskunde; Sitzungsberichte der Academie b. W., Jännerheft 1850;
10. Zwei Byſtritzer Urkunden von 1557 und 1366; Vereinsarchiv, neue Folge, 1. Bd. Kronſtadt 1853;
11. Das Hahnenſchlagen am Oſterfeſt; Vereinsarchiv, 1. Bd.;
12. Diplomatiſche Beiträge zur Geſchichte Siebenbürgens nach der Mohácser Schlacht; Vereinsarchiv 2. Bd. Kronſtadt 1857;
13. Ludwig Gritti's Ende; Vereinsarchiv 2. Bd.;
14. Das Bündniß J. Zapolyas mit König Franz I. von Frankreich; ebend.
15. Siebenbürgen vor Herodot und in deſſen Zeitalter; 14. Bd. des von der kaiſ. Academie der Wiſſenſchaften herausgegebenen Archivs für die Kunde öſterr. Geſchichtsquellen;
16. Georg Reicherſtorffer und ſeine Zeit; 21. Bd. desſelben Archivs für Kunde öſterr. Geſchichtsquellen;
17. Das ſiebenbürgiſch-ſächſiſche Wort Muoſer oder Mooſer, eine Studie; Magazin, herausgegeben von Dr. Trauſchenfels, 1. Band Kronſtadt 1859;
18. Findlinge, zur Kunde der Vorzeit von Siebenbürgen und Ungarn; Magazin v. Trauſchenfels, 2. Bd. Kronſtadt 1860;
19. Aus meinem Leben (eine Selbſtbiographie des Verfaſſers), in dem von Trauſchenfels herausgegebenen ſächſiſchen Hausfreund, Kronſtadt 1860;
20. Magiſter Hitzmann in Göttingen, ein Beitrag zur ſiebenbürgiſch-ſächſiſchen Gelehrtengeſchichte; Vereinsarchiv für Landeskunde 6. Bd. Kronſtadt 1864;
21. Bericht über die neueſten Erſcheinungen der ſiebenbürgiſch-deutſchen Literatur, welche die Landeskunde zum Gegenſtande haben und über den gegenwärtigen Zuſtand des Vereines für ſiebenbürgiſche Landeskunde. (Aus den Sitzungsberichten 1852 der philoſophiſch-hiſtoriſchen Claſſe der kaiſ. Akademie der Wiſſenſchaften). Lex. 8. Wien 1853.
22. Volksthümlicher Glaube und Brauch im Siebenbürger Sachſenlande. Ein Beitrag zur Kulturgeſchichte. 8. Kronſtadt 1863. (Schulprogramm.)
23. Oeſterreich, das pittoreske, oder Album der öſterreichiſchen Monarchie. Mit Karten, Anſichten der Städte, Gegenden, Denkmale u. Trachten in Farbenbildern und Beſchreibung der Provinzen ꝛc. Von einer Geſellſchaft Gelehrter u. Künſtler. 8. Heft. Der Hermannſtädter Stuhl, dargeſtellt von M. Ackner und J. K. Schuller. gr. 4. Wien 1840. Müller.

Portrait.

Schuller, J. C., k. k. Statthaltereirath. Hermannſtadt. Steinhaußen.